U0572366

中国历史年代简表

文物出版社

出版说明

本书为了便于读者查对中国历史年代而编印，主要内容包括“年代简表”和“年号通检”两部分。

“年代简表”是以世界通用的公元纪年和中国历史纪年逐年对照，按照历史各朝代的顺序，列出帝王称号、姓名、所使用的年号以及逐年的干支。

“年号通检”是将历代年号编成索引，按第一字笔划的多少排列，列出所属朝代、使用者、使用年限。

中国历史从西周共和行政元年(公元前841年)起，才有比较准确的纪年。本书对于西周共和行政以前，考古发现的旧石器时代和新石器时代几种主要文化的分布以及古籍中记载的帝王世系不便编次，仅简略排列供读者参阅。

简表中的年代自旧石器时代距今170万年的元谋人开始，至1911年辛亥革命推翻清王朝止。

中国历史上农民起义所使用的年号、少数民族所使用的年号、地方割据势力所使用的年号，均就现有资料，收录在“年号通检”内。两周诸侯、两晋十六国、五代十国，则只将建元、改元的元年，与同一朝代的年号并列，以便对照推算。

中国历史年代简表1973年第一版，今经第二次修订，错误遗漏之处，请读者批评指正。

编者

1993年10月

目　　录

一、年代简表

二、年号通检

年 代 简 表

旧石器时代

(约170万年～1万年前)

早期：

- 元谋猿人
- 蓝田猿人及其文化
- 北京猿人及其文化
- 金牛山文化

中期：

- 大荔人
- 丁村人及其文化
- 许家窑人
- 马坝人
- 长阳人

晚期：

- 萨拉乌苏文化
- 小南海文化
- 峙峪文化
- 山顶洞人及其文化
- 柳江人
- 资阳人

新石器时代

(约1万年～4千年前)

地区：	早期：	中期：	晚期：
黄河上游		仰韶文化	半山马厂文化
		马家窑文化	齐家文化
黄河中游	裴李岗文化	仰韶文化	龙山文化
黄河下游		大汶口文化	龙山文化
长江下游		青莲岗文化	良渚文化
长江中游		屈家岭文化	龙山文化
北方草原	细石器文化		

注：在商、周时期，黄河上游地区的辛店文化、寺洼文化、沙井文化，长江下游的印纹陶文化，仍属于新石器时代。

夏

(约公元前21～前16世纪)

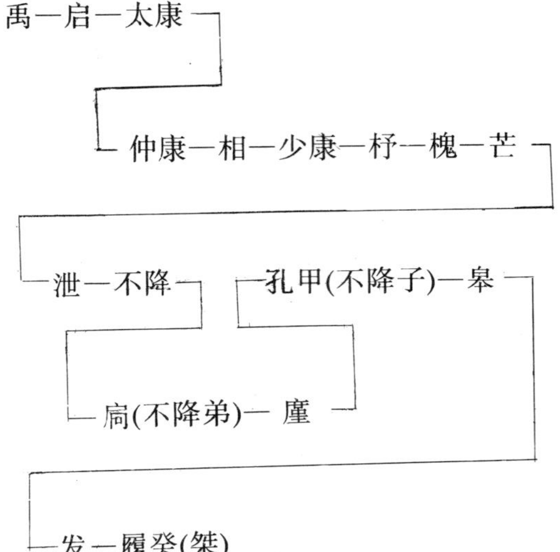

商

(约公元前16～前11世纪)

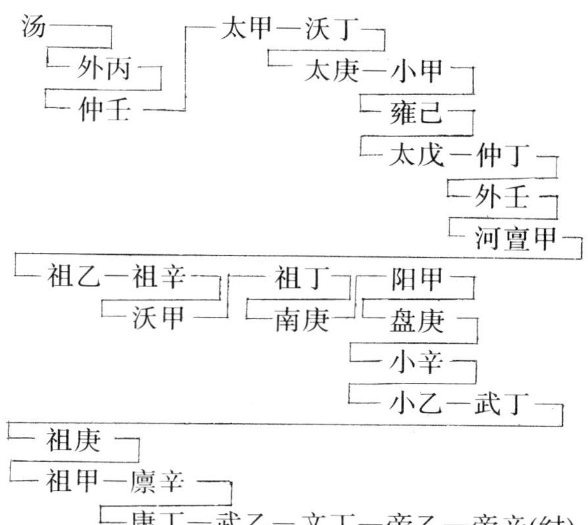

西　　周

（约公元前 11 世纪～前 771 年）

周武王发

周成王诵

周康王钊

周昭王瑕

周穆王满

周共王繄扈

周懿王囏

周孝王辟方

周夷王燮

周厉王胡

-841 庚申	周共和	元年		
-840 辛酉		二年	晋釐侯	元年
-839 壬戌		三年		

–838癸亥		四年		
–837甲子		五年	楚熊严	元年
			蔡夷侯	元年
–836乙丑		六年		
–835丙寅		七年		
–834丁卯		八年	曹幽伯	元年
–833戊辰		九年		
–832己巳		十年		
–831庚午		十一年	陈釐公	元年
–830辛未		十二年	宋惠公	元年
–829壬申		十三年		
–828癸酉		十四年		
–827甲戌	周宣王静	元年	楚熊霜	元年
–826乙亥		二年	燕釐侯	元年
–825丙子		三年	鲁武公	元年
			曹戴伯	元年
–824丁丑		四年	齐厉公	元年
–823戊寅		五年		
–822己卯		六年	晋献侯	元年

−821庚辰	七年	秦庄公	元年
		楚熊徇	元年
−820辛巳	八年		
−819壬午	九年		
−818癸未	十年		
−817甲申	十一年		
−816乙酉	十二年		
−815丙戌	十三年	鲁懿公	元年
		齐文公	元年
−814丁亥	十四年		
−813戊子	十五年		
−812己丑	十六年	卫武公	元年
−811庚寅	十七年	晋穆侯	元年
−810辛卯	十八年		
−809壬辰	十九年	蔡釐侯	元年
−808癸巳	二十年		
−807甲午	二十一年		
−806乙未	二十二年	鲁伯御	元年
		郑桓公	元年

－805丙申	二十三年		
－804丁酉	二十四年		
－803戊戌	二十五年	齐成公	元年
－802己亥	二十六年		
－801庚子	二十七年		
－800辛丑	二十八年	宋哀公	元年
－799壬寅	二十九年	宋戴公	元年
		楚熊鄂	元年
－798癸卯	三十年		
－797甲辰	三十一年		
－796乙巳	三十二年	鲁孝公	元年
－795丙午	三十三年	陈武公	元年
		曹惠伯	元年
－794丁未	三十四年	齐庄公	元年
－793戊申	三十五年		
－792己酉	三十六年		
－791庚戌	三十七年		
－790辛亥	三十八年	楚若敖	元年
		燕顷侯	元年

−789壬子		三十九年		
−788癸丑		四十年		
−787甲寅		四十一年		
−786乙卯		四十二年		
−785丙辰		四十三年		
−784丁巳		四十四年	晋殇叔	元年
−783戊午		四十五年		
−782己未		四十六年		
−781庚申	周幽王宫湼	元年		
−780辛酉		二年	晋文侯	元年
			陈夷公	元年
−779壬戌		三年		
−778癸亥		四年		
−777甲子		五年	秦襄公	元年
			陈平公	元年
−776乙丑		六年		
−775丙寅		七年		
−774丁卯		八年		
−773戊辰		九年		

−772己巳	十年
−771庚午	十一年

春　　秋

(公元前770～前476年)

–770辛未	周平王宜臼	元年	郑武公	元年
–769壬申		二年		
–768癸酉		三年	鲁惠公	元年
–767甲戌		四年		
–766乙亥		五年	燕哀侯	元年
–765丙子		六年	秦文公	元年
			宋武公	元年
–764丁丑		七年	燕郑侯	元年
–763戊寅		八年	楚霄敖	元年
–762己卯		九年		
–761庚辰		十年	蔡共侯	元年
–760辛巳		十一年		
–759壬午		十二年	蔡戴侯	元年

		曹穆公	元年
−758癸未	十三年		
−757甲申	十四年	楚蚡冒	元年
		卫庄公	元年
−756乙酉	十五年	曹桓公	元年
−755丙戌	十六年		
−754丁亥	十七年	陈文公	元年
−753戊子	十八年		
−752己丑	十九年		
−751庚寅	二十年		
−750辛卯	二十一年		
−749壬辰	二十二年	蔡宣侯	元年
−748癸巳	二十三年		
−747甲午	二十四年	宋宣公	元年
−746乙未	二十五年		
−745丙申	二十六年	晋昭侯	元年
−744丁酉	二十七年	陈桓公	元年
−743戊戌	二十八年	郑庄公	元年
−742己亥	二十九年		

–741庚子	三十年		
–740辛丑	三十一年	楚武王	元年
–739壬寅	三十二年	晋孝侯	元年
–738癸卯	三十三年		
–737甲辰	三十四年		
–736乙巳	三十五年		
–735丙午	三十六年		
–734丁未	三十七年	卫桓公	元年
–733戊申	三十八年		
–732己酉	三十九年		
–731庚戌	四十年		
–730辛亥	四十一年	齐釐公	元年
–729壬子	四十二年		
–728癸丑	四十三年	宋穆公	元年
		燕穆侯	元年
–727甲寅	四十四年		
–726乙卯	四十五年		
–725丙辰	四十六年		
–724丁巳	四十七年		

－723戊午		四十八年	晋鄂侯	元年
－722己未		四十九年	鲁隐公	元年
－721庚申		五十年		
－720辛酉		五十一年		
－719壬戌	周桓王林	元年	宋殇公	元年
－718癸亥		二年	卫宣公	元年
－717甲子		三年	晋哀侯	元年
－716乙丑		四年		
－715丙寅		五年	秦宁公	元年
－714丁卯		六年	蔡桓侯	元年
－713戊辰		七年		
－712己巳		八年		
－711庚午		九年	鲁桓公	元年
－710辛未		十年	宋公冯	元年
			燕宣侯	元年
－709壬申		十一年	晋小子	元年
－708癸酉		十二年		
－707甲戌		十三年		
－706乙亥		十四年	晋侯湣	元年

			陈厉公	元年
–705丙子		十五年		
–704丁丑		十六年		
–703戊寅		十七年	秦出公	元年
–702己卯		十八年		
–701庚辰		十九年	曹庄公	元年
–700辛巳		二十年	郑厉公	元年
–699壬午		二十一年	卫惠公	元年
			陈庄公	元年
–698癸未		二十二年		
–697甲申		二十三年	齐襄公	元年
			秦武公	元年
			燕桓公	元年
–696乙酉	周庄王佗	元年	卫黔牟	元年
			郑昭公	元年
–695丙戌		二年		
–694丁亥		三年	蔡哀侯	元年
			郑子亹	元年
–693戊子		四年	鲁庄公	元年

			郑子婴	元年
−692己丑		五年	陈宣公	元年
−691庚寅		六年	宋湣公	元年
−690辛卯		七年	燕庄公	元年
−689壬辰		八年	楚文王	元年
−688癸巳		九年		
−687甲午		十年		
−686乙未		十一年		
−685丙申		十二年	齐桓公	元年
−684丁酉		十三年		
−683戊戌		十四年		
−682己亥		十五年		
−681庚子	周釐王胡齐	元年	宋桓公	元年
−680辛丑		二年		
−679壬寅		三年	郑厉公(复立)	元年
−678癸卯		四年		
−677甲辰		五年	秦德公	元年
−676乙巳	周惠王阆	元年	晋献公	元年
			楚堵敖囏	元年

－675丙午	二年	秦宣公	元年
－674丁未	三年	蔡穆侯	元年
－673戊申	四年		
－672己酉	五年	郑文公	元年
－671庚戌	六年	楚成王	元年
－670辛亥	七年	曹釐公	元年
－669壬子	八年		
－668癸丑	九年	卫懿公	元年
－667甲寅	十年		
－666乙卯	十一年		
－665丙辰	十二年		
－664丁巳	十三年		
－663戊午	十四年	秦成公	元年
－662己未	十五年		
－661庚申	十六年	曹昭公	元年
		鲁湣公	元年
－660辛酉	十七年	卫戴公	元年
－659壬戌	十八年	鲁釐公	元年
		秦穆公	元年

年份	王	王年	诸侯	侯年
			卫文公	元年
-658癸亥		十九年		
-657甲子		二十年	燕襄公	元年
-656乙丑		二十一年		
-655丙寅		二十二年		
-654丁卯		二十三年		
-653戊辰		二十四年		
-652己巳		二十五年	曹共公	元年
-651庚午	周襄王郑	元年		
-650辛未		二年	晋惠公	元年
			宋襄公	元年
-649壬申		三年		
-648癸酉		四年		
-647甲戌		五年	陈穆公	元年
-646乙亥		六年		
-645丙子		七年	蔡庄公	元年
-644丁丑		八年		
-643戊寅		九年		
-642己卯		十年	齐孝公	元年

–641庚辰	十一年		
–640辛巳	十二年		
–639壬午	十三年		
–638癸未	十四年		
–637甲申	十五年		
–636乙酉	十六年	晋文公	元年
		宋成公	元年
–635丙戌	十七年		
–634丁亥	十八年	卫成公	元年
–633戊子	十九年		
–632己丑	二十年	齐昭公	元年
–631庚寅	二十一年	陈共公	元年
–630辛卯	二十二年		
–629壬辰	二十三年		
–628癸巳	二十四年		
–627甲午	二十五年	晋襄公	元年
		郑穆公	元年
–626乙未	二十六年	鲁文公	元年
–625丙申	二十七年	楚穆王	元年

−624丁酉		二十八年		
−623戊戌		二十九年		
−622己亥		三十年		
−621庚子		三十一年		
−620辛丑		三十二年	晋灵公	元年
			秦康公	元年
−619壬寅		三十三年	宋昭公	元年
−618癸卯	周顷王壬臣	元年		
−617甲辰		二年	曹文公	元年
			燕桓公	元年
−616乙巳		三年		
−615丙午		四年		
−614丁未		五年		
−613戊申		六年	楚庄王	元年
			陈灵公	元年
−612己酉	周匡王班	元年	齐懿公	元年
−611庚戌		二年	蔡文公	元年
−610辛亥		三年	宋文公	元年
−609壬子		四年		

–608癸丑		五年	鲁宣公	元年
			齐惠公	元年
			秦共公	元年
–607甲寅		六年		
–606乙卯	周定王瑜	元年	晋成公	元年
–605丙辰		二年	郑灵公	元年
–604丁巳		三年	郑襄公	元年
–603戊午		四年	秦桓公	元年
–602己未		五年		
–601庚申		六年	燕宣公	元年
–600辛酉		七年		
–599壬戌		八年	晋景公	元年
			卫穆公	元年
–598癸亥		九年	齐顷公	元年
			陈成公	元年
–597甲子		十年		
–596乙丑		十一年		
–595丙寅		十二年		
–594丁卯		十三年	曹宣公	元年

-593戊辰		十四年		
-592己巳		十五年		
-591庚午		十六年	蔡景侯	元年
-590辛未		十七年	鲁成公	元年
			楚共王	元年
-589壬申		十八年		
-588癸酉		十九年	宋共公	元年
			卫定公	元年
-587甲戌		二十年		
-586乙亥		二十一年	郑悼公	元年
			燕昭公	元年
-585丙子	周简王夷	元年	吴王寿梦	元年
-584丁丑		二年	郑成公	元年
-583戊寅		三年		
-582己卯		四年		
-581庚辰		五年	齐灵公	元年
-580辛巳		六年	晋厉公	元年
-579壬午		七年		
-578癸未		八年		

－577 甲申		九年	曹成公	元年
－576 乙酉		十年	秦景公	元年
			卫献公	元年
－575 丙亥		十一年	宋平公	元年
－574 丁亥		十二年		元年
－573 戊子		十三年	燕武公	元年
－572 己丑		十四年	鲁襄公	元年
			晋悼公	元年
－571 庚寅	周灵王泄心	元年		
－570 辛卯		二年	郑釐公	元年
－569 壬辰		三年		
－568 癸巳		四年	陈哀公	元年
－567 甲午		五年		
－566 乙未		六年		
－565 丙申		七年	郑简公	元年
－564 丁酉		八年		
－563 戊戌		九年		
－562 己亥		十年		
－561 庚子		十一年		

−560辛丑		十二年	吴王诸樊	元年
−559壬寅		十三年	楚康王	元年
−558癸卯		十四年	卫殇公	元年
−557甲辰		十五年	晋平公	元年
−556乙巳		十六年		
−555丙午		十七年		
−554丁未		十八年	曹武公	元年
			燕文公	元年
−553戊申		十九年	齐庄公	元年
−552己酉		二十年		
−551庚戌		二十一年		
−550辛亥		二十二年		
−549壬子		二十三年		
−548癸丑		二十四年	燕懿公	元年
−547甲寅		二十五年	齐景公	元年
			吴王余祭	元年
−546乙卯		二十六年	卫献公	复元元年
−545丙辰		二十七年		
−544丁巳	周景王贵	元年	楚郏敖	元年

		燕惠公	元年
–543戊午	二年	卫襄公	元年
–542己未	三年	蔡灵侯	元年
–541庚申	四年	鲁昭公	元年
–540辛酉	五年	楚灵王	元年
–539壬戌	六年		
–538癸亥	七年		
–537甲子	八年		
–536乙丑	九年	秦哀公	元年
–535丙寅	十年	燕悼公	元年
–534丁卯	十一年	卫灵公	元年
–533戊辰	十二年	陈惠公	元年
–532己巳	十三年		
–531庚午	十四年	晋昭公	元年
		宋元公	元年
–530辛未	十五年	蔡平侯	元年
		吴王余昧	元年
–529壬申	十六年	郑定公	元年
–528癸酉	十七年	楚平王	元年

			燕共公	元年
-527甲戌		十八年	曹平公	元年
-526乙亥		十九年	吴王僚	元年
-525丙子		二十年	晋顷公	元年
-524丁丑		二十一年		
-523戊寅		二十二年	曹悼公	元年
			燕平公	元年
-522己卯		二十三年		
-521庚辰		二十四年	蔡悼侯	元年
-520辛巳		二十五年		
	周悼王猛	元年		
-519壬午	周敬王匄	元年		
-518癸未		二年	蔡昭侯	元年
-517甲申		三年		
-516乙酉		四年	宋景公	元年
-515丙戌		五年	楚昭王	元年
-514丁亥		六年	曹襄公	元年
			吴王阖闾	元年
-513戊子		七年	郑献公	元年

–512己丑	八年		
–511庚寅	九年	晋定公	元年
–510辛卯	十年	越王允常	元年
–509壬辰	十一年	鲁定公	元年
		曹隐公	元年
–508癸巳	十二年		
–507甲午	十三年		
–506乙未	十四年		
–505丙申	十五年	陈怀公	元年
		曹靖公	元年
–504丁酉	十六年	燕简公	元年
–503戊戌	十七年		
–502己亥	十八年		
–501庚子	十九年	陈湣公	元年
		曹伯阳	元年
–500辛丑	二十年	秦惠公	元年
		郑声公	元年
–499壬寅	二十一年		
–498癸卯	二十二年		

-497甲辰	二十三年		
-496乙巳	二十四年	越王勾践	元年
-495丙午	二十五年	吴王夫差	元年
-494丁未	二十六年	鲁哀公	元年
-493戊申	二十七年		
-492己酉	二十八年	卫出公	元年
		燕献公	元年
-491庚戌	二十九年		
-490辛亥	三十年	秦悼公	元年
		蔡成侯	元年
-489壬子	三十一年	齐晏孺子荼	元年
-488癸丑	三十二年	齐悼公	元年
		楚惠王	元年
-487甲寅	三十三年	宋灭曹	
-486乙卯	三十四年		
-485丙辰	三十五年		
-484丁巳	三十六年	齐简公	元年
-483戊午	三十七年		
-482己未	三十八年		

-481庚申	三十九年		
-480辛酉	四十年	齐平公	元年
		卫庄公	元年
-479壬戌	四十一年		楚灭陈
-478癸亥	四十二年		
-477甲子	四十三年	卫君起	元年
-476乙丑	四十四年	卫出公	复元元年
		秦厉共公	元年

战　　国

(公元前475～前221年)

－475丙寅	周元王仁	元年		
－474丁卯		二年	晋出公	元年
－473戊辰		三年	越灭吴	
－472己巳		四年		
－471庚午		五年	蔡声侯	元年
－470辛未		六年		
－469壬申		七年		
－468癸酉	周贞定王介	元年		
－467甲戌		二年		
－466乙亥		三年	鲁悼公	元年
－465丙子		四年		
－464丁丑		五年	燕孝公	元年
			越王鹿郢	元年

–463戊寅	六年		
–462己卯	七年	郑哀公	元年
–461庚辰	八年		
–460辛巳	九年		
–459壬午	十年		
–458癸未	十一年	越王不寿	元年
–457甲申	十二年	赵襄子	元年
–456乙酉	十三年	蔡元侯	元年
		晋哀公	元年
–455丙戌	十四年	卫悼公黔	元年
		齐宣公	元年
–454丁亥	十五年		
–453戊子	十六年		
–452己丑	十七年		
–451庚寅	十八年		
–450辛卯	十九年	卫敬公	元年
		蔡侯齐	元年
		宋昭公	元年
–449壬辰	二十年	燕成公	元年

－448癸巳		二十一年	越王朱勾	元年
－447甲午		二十二年		楚灭蔡
－446乙未		二十三年	魏文侯	元年
－445丙申		二十四年		
－444丁酉		二十五年		
－443戊戌		二十六年		
－442己亥		二十七年	秦躁公	元年
－441庚子		二十八年		
	周哀王去疾	元年		
	周思王叔	元年		
－440辛丑	周考王嵬	元年		
－439壬寅		二年		
－438癸卯		三年		
－437甲辰		四年	晋幽公	元年
－436乙巳		五年		
－435丙午		六年		
－434丁未		七年		
－433戊申		八年	燕滑侯	元年
－432己酉		九年		

–431庚戌		十年	卫昭公	元年
			楚简王	元年
–430辛亥		十一年		
–429壬子		十二年		
–428癸丑		十三年	秦怀公	元年
			鲁元公	元年
–427甲寅		十四年		
–426乙卯		十五年		
–425丙辰	周威烈王午	元年	卫悼公亹	元年
–424丁巳		二年	秦灵公	元年
			赵桓子	元年
–423戊午		三年	郑幽公	元年
			赵献子	元年
–422己未		四年	郑𦈡公	元年
–421庚申		五年		
–420辛酉		六年		
–419壬戌		七年	晋烈公	元年
–418癸亥		八年		
–417甲子		九年		

－416乙丑	十年		
－415丙寅	十一年		
－414丁卯	十二年	秦简公	元年
		卫慎公	元年
－413戊辰	十三年		
－412己巳	十四年		
－411庚午	十五年	越王翳	元年
－410辛未	十六年		
－409壬申	十七年	韩景侯	元年
		赵烈侯	元年
－408癸酉	十八年		
－407甲戌	十九年	鲁穆公	元年
		楚声王	元年
－406乙亥	二十年		
－405丙子	二十一年		
－404丁丑	二十二年	齐康公	元年
		田齐太公	元年
－403戊寅	二十三年	魏、韩、赵立为侯	
		宋悼公	元年

–402己卯		二十四年	燕釐侯	元年
–401庚辰	周安王骄	元年	楚悼王	元年
–400辛巳		二年	韩列侯	元年
–399壬午		三年	秦惠公	元年
–398癸未		四年		
–397甲申		五年		
–396乙酉		六年	魏武侯	元年
–395丙戌		七年	郑康公	元年
			宋休公	元年
–394丁亥		八年		
–393戊子		九年		
–392己丑		十年	晋孝公	元年
–391庚寅		十一年		
–390辛卯		十二年		
–389壬辰		十三年		
–388癸巳		十四年		
–387甲午		十五年		
–386乙未		十六年	赵敬侯	元年
			秦出子	元年

–385丙申		十七年		
–384丁酉		十八年	田齐侯剡	元年
			秦献公	元年
–383戊戌		十九年		
–382己亥		二十年		
–381庚子		二十一年		
–380辛丑		二十二年	楚肃王	元年
–379壬寅		二十三年	田氏并齐	
–378癸卯		二十四年		
–377甲辰		二十五年	韩哀侯	元年
			晋静公	元年
–376乙巳		二十六年	韩、魏、赵分晋	
			越王诸咎	元年
–375丙午	周烈王喜	元年	韩灭郑	
			鲁共公	元年
			田齐桓公	元年
			越王错枝	元年
–374丁未		二年	韩共侯	元年
			赵成侯	元年

			越王无余之	元年
–373戊申		三年		
–372己酉		四年	燕桓公	元年
			卫声公	元年
–371庚戌		五年		
–370辛亥		六年	魏惠王	元年
–369壬子		七年	楚宣王	元年
			宋剔成	元年
–368癸丑	周显王扁	元年		
–367甲寅		二年		
–366乙卯		三年		
–365丙辰		四年		
–364丁巳		五年		
–363戊午		六年		
–362己未		七年	韩釐侯	元年
			越王无颛	元年
–361庚申		八年	燕文侯	元年
			秦孝公	元年
			卫成侯	元年

-360辛酉	九年		
-359壬戌	十年		
-358癸亥	十一年		
-357甲子	十二年		
-356乙丑	十三年	田齐威王	元年
-355丙寅	十四年	楚灭越	
-354丁卯	十五年		
-353戊辰	十六年		
-352己巳	十七年	鲁康公	元年
-351庚午	十八年		
-350辛未	十九年		
-349壬申	二十年	赵肃侯	元年
-348癸酉	二十一年		
-347甲戌	二十二年		
-346乙亥	二十三年		
-345丙子	二十四年		
-344丁丑	二十五年		
-343戊寅	二十六年	鲁景公	元年
-342己卯	二十七年		

－341庚辰	二十八年		
－340辛巳	二十九年		
－339壬午	三十年	楚威王	元年
－338癸未	三十一年		
－337甲申	三十二年	秦惠文王	元年
－336乙酉	三十三年		
－335丙戌	三十四年	魏惠王	后元元年
－334丁亥	三十五年		
－333戊子	三十六年		
－332己丑	三十七年	韩威侯	元年
		燕易王	元年
		卫平侯	元年
－331庚寅	三十八年		
－330辛卯	三十九年		
－329壬辰	四十年		
－328癸巳	四十一年	楚怀王	元年
		宋君偃	元年
－327甲午	四十二年		
－326乙未	四十三年		

−325丙申		四十四年	韩宣王	元年
			赵武灵王	元年
−324丁酉		四十五年	秦惠文王	后元元年
			卫嗣君	元年
−323戊戌		四十六年		
−322己亥		四十七年		
−321庚子		四十八年		
−320辛丑	周慎靓王定	元年	燕王哙	元年
			田齐宣王	元年
−319壬寅		二年		
−318癸卯		三年	魏襄王	元年
−317甲辰		四年		
−316乙巳		五年		
−315丙午		六年		
−314丁未	周赧王延	元年	鲁平公	元年
−313戊申		二年		
−312己酉		三年		
−311庚戌		四年	韩襄王	元年
			燕昭王	元年

–310辛亥	五年	秦武王	元年
–309壬子	六年		
–308癸丑	七年		
–307甲寅	八年		
–306乙卯	九年	秦昭襄王	元年
–305丙辰	十年		
–304丁巳	十一年		
–303戊午	十二年		
–302己未	十三年		
–301庚申	十四年	田齐湣王	元年
–300辛酉	十五年		
–299壬戌	十六年		
–298癸亥	十七年	赵惠文王	元年
		楚顷襄王	元年
–297甲子	十八年		
–296乙丑	十九年		
–295丙寅	二十年	韩釐王	元年
		魏昭王	元年
		鲁湣公	元年

-294丁卯	二十一年		
-293戊辰	二十二年		
-292己巳	二十三年		
-291庚午	二十四年		
-290辛未	二十五年		
-289壬申	二十六年		
-288癸酉	二十七年		
-287甲戌	二十八年		
-286乙亥	二十九年	齐灭宋	
-285丙子	三十年		
-284丁丑	三十一年		
-283戊寅	三十二年	田齐襄王	元年
-282己卯	三十三年	卫怀君	元年
-281庚辰	三十四年		
-280辛巳	三十五年		
-279壬午	三十六年		
-278癸未	三十七年	燕惠王	元年
-277甲申	三十八年		
-276乙酉	三十九年	魏安釐王	元年

－275丙戌	四十年		
－274丁亥	四十一年		
－273戊子	四十二年		
－272己丑	四十三年	韩桓惠王	元年
		鲁顷公	元年
－271庚寅	四十四年	燕武成王	元年
－270辛卯	四十五年		
－269壬辰	四十六年		
－268癸巳	四十七年		
－267甲午	四十八年		
－266乙未	四十九年		
－265丙申	五十年	赵孝成王	元年
－264丁酉	五十一年	田齐王建	元年
－263戊戌	五十二年		
－262己亥	五十三年	楚考烈王	元年
－261庚子	五十四年		
－260辛丑	五十五年		
－259壬寅	五十六年		
－258癸卯	五十七年		

–257甲辰	五十八年	燕孝王	元年
–256乙巳	五十九年		
–255丙午			
–254丁未		燕王喜	元年
–253戊申			
–252己酉		卫元君	元年
–251庚戌			
–250辛亥		秦孝文王	元年
–249壬子		秦庄襄王	元年
		楚灭鲁	
–248癸丑			
–247甲寅			
–246乙卯		秦王政	元年
–245丙辰			
–244丁巳		赵悼襄王	元年
–243戊午			
–242己未		魏景湣王	元年
–241庚申			
–240辛酉			

–239壬戌				
–238癸亥			韩王安	元年
–237甲子			楚幽王	元年
–236乙丑				
–235丙寅			赵王迁	元年
–234丁卯				
–233戊辰				
–232己巳				
–231庚午				
–230辛未				秦灭韩
–229壬申			卫君角	元年
–228癸酉			楚哀王	元年
–227甲戌	楚王负刍	元年	魏王假	元年
			代王嘉	元年
–226乙亥				
–225丙子				秦灭魏
–224丁丑				
–223戊寅				秦灭楚
–222己卯				秦灭赵、灭燕
–221庚辰			秦灭齐	统一全国

秦

(公元前221～前207年)

−221庚辰	秦始皇嬴政	二十六年
−220辛巳		二十七年
−219壬午		二十八年
−218癸未		二十九年
−217甲申		三十年
−216乙酉		三十一年
−215丙戌		三十二年
−214丁亥		三十三年
−213戊子		三十四年
−212己丑		三十五年
−211庚寅		三十六年
−210辛卯		三十七年
−209壬辰	秦二世胡亥	元年

–208癸巳		二年
–207甲午		三年
	秦子婴	元年

西　　汉

(公元前206～公元8年)

–206乙未	汉高祖刘邦	元年
–205丙申		二年
–204丁酉		三年
–203戊戌		四年
–202己亥		五年
–201庚子		六年
–200辛丑		七年
–199壬寅		八年
–198癸卯		九年
–197甲辰		十年
–196乙巳		十一年
–195丙午		十二年
–194丁未	汉惠帝刘盈	元年

–193戊申		二年
–192己酉		三年
–191庚戌		四年
–190辛亥		五年
–189壬子		六年
–188癸丑		七年
–187甲寅	汉高后吕雉	元年
–186乙卯		二年
–185丙辰		三年
–184丁巳		四年
–183戊午		五年
–182己未		六年
–181庚申		七年
–180辛酉		八年
–179壬戌	汉文帝刘恒	前元元年
–178癸亥		二年
–177甲子		三年
–176乙丑		四年
–175丙寅		五年

−174丁卯		六年
−173戊辰		七年
−172己巳		八年
−171庚午		九年
−170辛未		十年
−169壬申		十一年
−168癸酉		十二年
−167甲戌		十三年
−166乙亥		十四年
−165丙子		十五年
−164丁丑		十六年
−163戊寅		后元元年
−162己卯		二年
−161庚辰		三年
−160辛巳		四年
−159壬午		五年
−158癸未		六年
−157甲申		七年
−156乙酉	汉景帝刘启	前元元年

–155丙戌		二年
–154丁亥		三年
–153戊子		四年
–152己丑		五年
–151庚寅		六年
–150辛卯		七年
–149壬辰		中元元年
–148癸巳		二年
–147甲午		三年
–146乙未		四年
–145丙申		五年
–144丁酉		六年
–143戊戌		后元元年
–142己亥		二年
–141庚子		三年
–140辛丑	汉武帝刘彻	建元元年
–139壬寅		二年
–138癸卯		三年
–137甲辰		四年

−136乙巳	五年
−135丙午	六年
−134丁未	元光元年
−133戊申	二年
−132己酉	三年
−131庚戌	四年
−130辛亥	五年
−129壬子	六年
−128癸丑	元朔元年
−127甲寅	二年
−126乙卯	三年
−125丙辰	四年
−124丁巳	五年
−123戊午	六年
−122己未	元狩元年
−121庚申	二年
−120辛酉	三年
−119壬戌	四年
−118癸亥	五年

–117甲子	六年
–116乙丑	元鼎元年
–115丙寅	二年
–114丁卯	三年
–113戊辰	四年
–112己巳	五年
–111庚午	六年
–110辛未	元封元年
–109壬申	二年
–108癸酉	三年
–107甲戌	四年
–106乙亥	五年
–105丙子	六年
–104丁丑	太初元年
–103戊寅	二年
–102己卯	三年
–101庚辰	四年
–100辛巳	天汉元年
–99 壬午	二年

−98 癸未		三年
−97 甲申		四年
−96 乙酉		太始元年
−95 丙戌		二年
−94 丁亥		三年
−93 戊子		四年
−92 己丑		征和元年
−91 庚寅		二年
−90 辛卯		三年
−89 壬辰		四年
−88 癸巳		后元元年
−87 甲午		二年
−86 乙未	汉昭帝刘弗陵	始元元年
−85 丙申		二年
−84 丁酉		三年
−83 戊戌		四年
−82 己亥		五年
−81 庚子		六年
−80 辛丑		七年

公元	干支	帝王	年号
			元凤元年
–79	壬寅		二年
–78	癸卯		三年
–77	甲辰		四年
–76	乙巳		五年
–75	丙午		六年
–74	丁未		元平元年
–73	戊申	汉宣帝刘询	本始元年
–72	己酉		二年
–71	庚戌		三年
–70	辛亥		四年
–69	壬子		地节元年
–68	癸丑		二年
–67	甲寅		三年
–66	乙卯		四年
–65	丙辰		元康元年
–64	丁巳		二年
–63	戊午		三年
–62	己未		四年

公元	干支	帝王	年号
−61	庚申		五年
			神爵元年
−60	辛酉		二年
−59	壬戌		三年
−58	癸亥		四年
−57	甲子		五凤元年
−56	乙丑		二年
−55	丙寅		三年
−54	丁卯		四年
−53	戊辰		甘露元年
−52	己巳		二年
−51	庚午		三年
−50	辛未		四年
−49	壬申		黄龙元年
−48	癸酉	汉元帝刘奭	初元元年
−47	甲戌		二年
−46	乙亥		三年
−45	丙子		四年
−44	丁丑		五年

年份	干支	帝王	年号
–43	戊寅		永光元年
–42	己卯		二年
–41	庚辰		三年
–40	辛巳		四年
–39	壬午		五年
–38	癸未		建昭元年
–37	甲申		二年
–36	乙酉		三年
–35	丙戌		四年
–34	丁亥		五年
–33	戊子		竟宁元年
–32	己丑	汉成帝刘骜	建始元年
–31	庚寅		二年
–30	辛卯		三年
–29	壬辰		四年
–28	癸巳		五年
			河平元年
–27	甲午		二年
–26	乙未		三年

−25	丙申	四年
−24	丁酉	阳朔元年
−23	戊戌	二年
−22	己亥	三年
−21	庚子	四年
−20	辛丑	鸿嘉元年
−19	壬寅	二年
−18	癸卯	三年
−17	甲辰	四年
−16	乙巳	永始元年
−15	丙午	二年
−14	丁未	三年
−13	戊申	四年
−12	己酉	元延元年
−11	庚戌	二年
−10	辛亥	三年
−9	壬子	四年
−8	癸丑	绥和元年
−7	甲寅	二年

-6	乙卯	汉哀帝刘欣	建平元年
-5	丙辰		二年
			太初元将元年
-4	丁巳		建平三年
-3	戊午		四年
-2	己未		元寿元年
-1	庚申		二年
1	辛酉	汉平帝刘衎	元始元年
2	壬戌		二年
3	癸亥		三年
4	甲子		四年
5	乙丑		五年
6	丙寅	汉孺子婴	居摄元年
7	丁卯		二年
8	戊辰		三年
			初始元年
9	己巳	新王莽	始建国元年
10	庚午		二年
11	辛未		三年

12	壬申		四年
13	癸酉		五年
14	甲戌		天凤元年
15	乙亥		二年
16	丙子		三年
17	丁丑		四年
18	戊寅		五年
19	己卯		六年
20	庚辰		地皇元年
21	辛巳		二年
22	壬午		三年
23	癸未		四年
		淮阳王刘玄	更始元年
		隗嚣	复汉元年
24	甲申		二年
25	乙酉		三年
		成家公孙述	龙兴元年
		刘盆子	建世元年

东　　汉

(公元25～220年)

25	乙酉	汉光武帝刘秀	建武元年
26	丙戌		二年
27	丁亥		三年
28	戊子		四年
29	己丑		五年
30	庚寅		六年
31	辛卯		七年
32	壬辰		八年
33	癸巳		九年
34	甲午		十年
35	乙未		十一年
36	丙申		十二年
37	丁酉		十三年

38	戊戌	十四年
39	己亥	十五年
40	庚子	十六年
41	辛丑	十七年
42	壬寅	十八年
43	癸卯	十九年
44	甲辰	二十年
45	乙巳	二十一年
46	丙午	二十二年
47	丁未	二十三年
48	戊申	二十四年
49	己酉	二十五年
50	庚戌	二十六年
51	辛亥	二十七年
52	壬子	二十八年
53	癸丑	二十九年
54	甲寅	三十年
55	乙卯	三十一年
56	丙辰	三十二年

			建武中元元年
57	丁巳		二年
58	戊午	汉明帝刘庄	永平元年
59	己未		二年
60	庚申		三年
61	辛酉		四年
62	壬戌		五年
63	癸亥		六年
64	甲子		七年
65	乙丑		八年
66	丙寅		九年
67	丁卯		十年
68	戊辰		十一年
69	己巳		十二年
70	庚午		十三年
71	辛未		十四年
72	壬申		十五年
73	癸酉		十六年
74	甲戌		十七年

75	乙亥		十八年
76	丙子	汉章帝刘炟	建初元年
77	丁丑		二年
78	戊寅		三年
79	己卯		四年
80	庚辰		五年
81	辛巳		六年
82	壬午		七年
83	癸未		八年
84	甲申		九年
			元和元年
85	乙酉		二年
86	丙戌		三年
87	丁亥		四年
			章和元年
88	戊子		二年
89	己丑	汉和帝刘肇	永元元年
90	庚寅		二年
91	辛卯		三年

92	壬辰		四年
93	癸巳		五年
94	甲午		六年
95	乙未		七年
96	丙申		八年
97	丁酉		九年
98	戊戌		十年
99	己亥		十一年
100	庚子		十二年
101	辛丑		十三年
102	壬寅		十四年
103	癸卯		十五年
104	甲辰		十六年
105	乙巳		十七年
			元兴元年
106	丙午	汉殇帝刘隆	延平元年
107	丁未	汉安帝刘祜	永初元年
108	戊申		二年
109	己酉		三年

110 庚戌 四年
111 辛亥 五年
112 壬子 六年
113 癸丑 七年
114 甲寅 元初元年
115 乙卯 二年
116 丙辰 三年
117 丁巳 四年
118 戊午 五年
119 己未 六年
120 庚申 七年
永宁元年
121 辛酉 二年
建光元年
122 壬戌 二年
延光元年
123 癸亥 二年
124 甲子 三年
125 乙丑 四年

126 丙寅	汉顺帝刘保	永建元年
127 丁卯		二年
128 戊辰		三年
129 己巳		四年
130 庚午		五年
131 辛未		六年
132 壬申		七年
		阳嘉元年
133 癸酉		二年
134 甲戌		三年
135 乙亥		四年
136 丙子		永和元年
137 丁丑		二年
138 戊寅		三年
139 己卯		四年
140 庚辰		五年
141 辛巳		六年
142 壬午		汉安元年
143 癸未		二年

144	甲申		三年
			建康元年
145	乙酉	汉冲帝刘炳	永憙元年
146	丙戌	汉质帝刘缵	本初元年
147	丁亥	汉桓帝刘志	建和元年
148	戊子		二年
149	己丑		三年
150	庚寅		和平元年
151	辛卯		元嘉元年
152	壬辰		二年
153	癸巳		三年
			永兴元年
154	甲午		二年
155	乙未		永寿元年
156	丙申		二年
157	丁酉		三年
158	戊戌		四年
			延熹元年
159	己亥		二年

160 庚子		三年
161 辛丑		四年
162 壬寅		五年
163 癸卯		六年
164 甲辰		七年
165 乙巳		八年
166 丙午		九年
167 丁未		十年
		永康元年
168 戊申	汉灵帝刘宏	建宁元年
169 己酉		二年
170 庚戌		三年
171 辛亥		四年
172 壬子		五年
		熹平元年
173 癸丑		二年
174 甲寅		三年
175 乙卯		四年
176 丙辰		五年

177 丁巳		六年
178 戊午		七年
		光和元年
179 己未		二年
180 庚申		三年
181 辛酉		四年
182 壬戌		五年
183 癸亥		六年
184 甲子		七年
		中平元年
185 乙丑		二年
186 丙寅		三年
187 丁卯		四年
188 戊辰		五年
189 己巳		六年
	汉少帝刘辩	光熹元年
		昭宁元年
	汉献帝刘协	永汉元年
190 庚午		初平元年

191 辛未 二年
192 壬申 三年
193 癸酉 四年
194 甲戌 兴平元年
195 乙亥 二年
196 丙子 建安元年
197 丁丑 二年
198 戊寅 三年
199 己卯 四年
200 庚辰 五年
201 辛巳 六年
202 壬午 七年
203 癸未 八年
204 甲申 九年
205 乙酉 十年
206 丙戌 十一年
207 丁亥 十二年
208 戊子 十三年
209 己丑 十四年

210 庚寅	十五年
211 辛卯	十六年
212 壬辰	十七年
213 癸巳	十八年
214 甲午	十九年
215 乙未	二十年
216 丙申	二十一年
217 丁酉	二十二年
218 戊戌	二十三年
219 己亥	二十四年
220 庚子	二十五年
	延康元年

三　国

(公元220～265年)

公元	干支	魏	蜀汉	吴
220	庚子	文帝曹丕 黄初元年		
221	辛丑	二年	昭烈帝刘备 章武元年	
222	壬寅	三年	二年	大帝孙权 黄武元年
223	癸卯	四年	三年 后主刘禅 建兴元年	二年
224	甲辰	五年	二年	三年
225	乙巳	六年	三年	四年
226	丙午	七年	四年	五年

227	丁未	明帝曹叡	五年	六年
		太和元年		
228	戊申	二年	六年	七年
229	己酉	三年	七年	八年
				黄龙元年
230	庚戌	四年	八年	二年
231	辛亥	五年	九年	三年
232	壬子	六年	十年	嘉禾元年
233	癸丑	七年	十一年	二年
		青龙元年		
234	甲寅	二年	十二年	三年
235	乙卯	三年	十三年	四年
236	丙辰	四年	十四年	五年
237	丁巳	五年	十五年	六年
		景初元年		
238	戊午	二年	延熙元年	七年
				赤乌元年
239	己未	三年	二年	二年
240	庚申	齐王曹芳	三年	三年

	正始元年		
241 辛酉	二年	四年	四年
242 壬戌	三年	五年	五年
243 癸亥	四年	六年	六年
244 甲子	五年	七年	七年
245 乙丑	六年	八年	八年
246 丙寅	七年	九年	九年
247 丁卯	八年	十年	十年
248 戊辰	九年	十一年	十一年
249 己巳	十年	十二年	十二年
	嘉平元年		
250 庚午	二年	十三年	十三年
251 辛未	三年	十四年	十四年
			太元元年
252 壬申	四年	十五年	二年
			神凤元年
			会稽王孙亮
			建兴元年
253 癸酉	五年	十六年	二年

254 甲戌	六年	十七年	五凤元年
	高贵乡公曹髦		
	正元元年		
255 乙亥	二年	十八年	二年
256 丙子	三年	十九年	三年
	甘露元年		太平元年
257 丁丑	二年	二十年	二年
258 戊寅	三年	景耀元年	三年
			景帝孙休
			永安元年
259 己卯	四年	二年	二年
260 庚辰	五年	三年	三年
	元帝曹奂		
	景元元年		
261 辛巳	二年	四年	四年
262 壬午	三年	五年	五年
263 癸未	四年	六年	六年
		炎兴元年	
264 甲申	五年		七年

	咸熙元年	末帝孙皓
		元兴元年
265 乙酉	二年	二年
		甘露元年

西　晋

(公元265～316年)

公元	干支	晋武帝司马炎	吴末帝孙皓
265	乙酉	泰始元年	甘露元年
266	丙戌	二年	二年
			宝鼎元年
267	丁亥	三年	二年
268	戊子	四年	三年
269	己丑	五年	四年
			建衡元年
270	庚寅	六年	二年
271	辛卯	七年	三年
272	壬辰	八年	凤凰元年
273	癸巳	九年	二年
274	甲午	十年	三年

275	乙未	咸宁元年	天册元年
276	丙申	二年	天玺元年
277	丁酉	三年	天纪元年
278	戊戌	四年	二年
279	己亥	五年	三年
280	庚子	六年	四年
		太康元年	
281	辛丑	二年	
282	壬寅	三年	
283	癸卯	四年	
284	甲辰	五年	
285	乙巳	六年	
286	丙午	七年	
287	丁未	八年	
288	戊申	九年	
289	己酉	十年	
290	庚戌	太熙元年	
	晋惠帝司马衷		
		永熙元年	

291	辛亥	永平元年		
		元康元年		
292	壬子	二年		
293	癸丑	三年		
294	甲寅	四年		
295	乙卯	五年		
296	丙辰	六年		
297	丁巳	七年		
298	戊午	八年		
299	己未	九年		
300	庚申	永康元年		
301	辛酉	二年		
		永宁元年		
302	壬戌	二年		
		太安元年		
303	癸亥	二年	成汉李特	建初元年
304	甲子	永安元年	成汉李雄	建兴元年
		建武元年	汉刘渊	元熙元年
		永安元年		

		永兴元年		
305 乙丑		二年		
306 丙寅		三年	成汉李雄	晏平元年
		光熙元年		
307 丁卯	晋怀帝司马炽			
		永嘉元年		
308 戊辰		二年	汉刘渊	永凤元年
309 己巳		三年		河瑞元年
310 庚午		四年	汉刘聪	光兴元年
			成汉李雄	玉衡元年
311 辛未		五年	汉刘聪	嘉平元年
312 壬申		六年		
313 癸酉		七年		
	晋愍帝司马邺			
		建兴元年		
314 甲戌		二年	前凉张寔	永安元年
315 乙亥		三年	汉刘聪	建元元年
316 丙子		四年		麟嘉元年

东晋、十六国

(公元317～420年)

317 丁丑	晋元帝司马睿			
	建武元年			
318 戊寅	二年	汉刘粲	汉昌元年
	大兴元年	前赵刘曜	光初元年
319 己卯	二年	后赵石勒	元年
320 庚辰	三年	前凉张茂	永元元年
321 辛巳	四年		
322 壬午	永昌元年		
323 癸未	二年		
	晋明帝司马绍		
	太宁元年		
324 甲申	二年	前凉张骏	太元元年
325 乙酉	三年		

326 丙戌　　四年

晋成帝司马衍

咸和元年

327 丁亥　　二年

328 戊子　　三年　后赵石勒　太和元年

329 己丑　　四年

330 庚寅　　五年　　建平元年

331 辛卯　　六年

332 壬辰　　七年

333 癸巳　　八年　后赵石弘　延熙元年

334 甲午　　九年　成汉李班

玉衡二十四年

后赵石弘　延熙元年

335 乙未　　咸康元年　后赵石虎　建武元年

成汉李期　玉恒元年

336 丙申　　二年

337 丁酉　　三年　前燕慕容皝　称燕王

338 戊戌　　四年　成汉李寿　汉兴元年

拓跋什翼犍

建国元年

339 己亥 五年

340 庚子 六年

341 辛丑 七年

342 壬寅 八年

343 癸卯 晋康帝司马岳

建元元年

344 甲辰 二年 成汉李势 太和元年

345 乙巳 晋穆帝司马聃

永和元年

346 丙午 二年 嘉宁元年

前凉张重华

永乐元年

347 丁未 三年

348 戊申 四年

349 己酉 五年 后赵石虎 太宁元年

后赵石遵 元年

前燕慕容儁 元年

350 庚戌 六年 后赵石鉴 青龙元年

后赵石祗　永宁元年
后赵冉闵　永兴元年
351 辛亥　七年　前秦苻健　皇始元年
352 壬子　八年　前燕慕容儁
元玺元年
353 癸丑　九年
354 甲寅　十年　前凉张祚　和平元年
355 乙卯　十一年　前秦苻生　寿光元年
前凉张玄靓
太始元年
356 丙辰　十二年
357 丁巳　升平元年　前秦苻坚　永兴元年
前燕慕容儁
光寿元年
358 戊午　二年
359 己未　三年　前秦苻坚　甘露元年
360 庚申　四年　前燕慕容暐
建熙元年
361 辛酉　五年

362 壬戌　晋哀帝司马丕
隆和元年
363 癸亥　二年　前凉张天锡
兴宁元年　太清元年
364 甲子　二年
365 乙丑　三年　前秦苻坚　建元元年
366 丙寅　晋废帝司马奕
太和元年
367 丁卯　二年
368 戊辰　三年
369 己巳　四年
370 庚午　五年
371 辛未　六年
晋简文帝司马昱
咸安元年
372 壬申　二年
373 癸酉　晋孝武帝司马曜
宁康元年
374 甲戌　二年

375 乙亥 三年

376 丙子 太元元年

377 丁丑 二年

378 戊寅 三年

379 己卯 四年

380 庚辰 五年

381 辛巳 六年

382 壬午 七年

383 癸未 八年

384 甲申 九年 后燕慕容垂

燕元元年

西燕慕容泓

燕兴元年

后秦姚苌 白雀元年

385 乙酉 十年 前秦苻丕 太安元年

西燕慕容冲

更始元年

西秦乞伏国仁

建义元年

386 丙戌　　十一年　　前秦苻登　太初元年
后燕慕容垂　建兴元年
后秦姚苌　建初元年
北魏道武帝拓跋珪　登国元年
后凉吕光　太安元年
西燕段随　昌平元年
西燕慕容顗　建明元年
西燕慕容瑶　建平元年
西燕慕容忠　建武元年
西燕慕容永　中兴元年

387 丁亥　　十二年

388 戊子　　十三年　　西秦乞伏乾归　太初元年

389	己丑	十四年	后凉吕光　麟嘉元年
390	庚寅	十五年	
391	辛卯	十六年	
392	壬辰	十七年	
393	癸巳	十八年	
394	甲午	十九年	前秦苻崇　延初元年 后秦姚兴　皇初元年
395	乙未	二十年	
396	丙申	二十一年	后燕慕容宝　永康元年 北魏道武帝拓跋珪　皇始元年 后凉吕光　龙飞元年
397	丁酉	晋安帝司马德宗　隆安元年	南凉秃发乌孤　太初元年 北凉段业　神玺元年 后燕慕容详　建始元年 后燕慕容麟

延平元年

398 戊戌　二年　后燕慕容盛

建平元年

南燕慕容德　元年

北魏道武帝拓跋珪

天兴元年

399 己亥　三年　后燕慕容盛

长乐元年

后秦姚兴　弘始元年

北凉段业　天玺元年

后凉吕光　承康元年

后凉吕纂　咸宁元年

400 庚子　四年　南凉秃发利鹿孤

建和元年

南燕慕容德

建平元年

西凉李暠　庚子元年

401 辛丑　五年　后凉吕隆　神鼎元年

后燕慕容熙

		光始元年
		北凉沮渠蒙逊
		永安元年
402 壬寅	元兴元年	南凉秃发傉檀
		弘昌元年
403 癸卯	二年	
404 甲辰	三年	北魏道武帝拓跋珪
		天赐元年
405 乙巳	义熙元年	南燕慕容超
		太上元年
		西凉李暠　建初元年
406 丙午	二年	
407 丁未	三年	夏赫连勃勃
		龙升元年
		后燕慕容熙
		建始元年
		北燕高云　正始元年
408 戊申	四年	南凉秃发傉檀
		嘉平元年

409	己酉	五年	西秦乞伏乾归 更始元年 北魏明元帝拓跋嗣 永兴元年 北燕冯跋 太平元年
410	庚戌	六年	
411	辛亥	七年	
412	壬子	八年	北凉沮渠蒙逊 玄始元年 西秦乞伏炽磐 永康元年
413	癸丑	九年	夏赫连勃勃 凤翔元年
414	甲寅	十年	北魏明元帝拓跋嗣 神瑞元年
415	乙卯	十一年	
416	丙辰	十二年	后秦姚泓 永和元年 北魏明元帝拓跋嗣 泰常元年

417 丁巳　　十三年　西凉李歆　嘉兴元年

418 戊午　　十四年　夏赫连勃勃

昌武元年

419 己未　晋恭帝司马德文　夏赫连勃勃

元熙元年　真兴元年

420 庚申　　二年　西秦乞伏炽磐

建弘元年

西凉李恂　永建元年

南　北　朝

(公元420～589年)

420	庚申	宋武帝刘裕	北魏明元帝拓跋嗣
		永初元年	泰常五年
421	辛酉	二年	六年
422	壬戌	三年	七年
423	癸亥	宋少帝刘义符	八年
		景平元年	
424	甲子	二年	北魏太武帝拓跋焘
		宋文帝刘义隆	始光元年
		元嘉元年	
425	乙丑	二年	二年
			夏赫连昌　承光元年
426	丙寅	三年	三年
427	丁卯	四年	四年

428 戊辰	五年	五年
		北魏太武帝拓跋焘
		神䴥元年
		夏赫连定 胜光元年
		西秦乞伏暮末
		永弘元年
		北凉沮渠蒙逊
		承玄元年
429 己巳	六年	二年
430 庚午	七年	三年
431 辛未	八年	四年
		北燕冯弘 太兴元年
		北凉沮渠蒙逊
		义和元年
432 壬申	九年	北魏太武帝拓跋焘
		延和元年
433 癸酉	十年	二年
		北凉沮渠牧犍
		永和元年

434 甲戌	十一年	三年
435 乙亥	十二年	北魏太武帝拓跋焘
		太延元年
436 丙子	十三年	二年
437 丁丑	十四年	三年
438 戊寅	十五年	四年
439 己卯	十六年	五年
440 庚辰	十七年	六年
		太平真君元年
441 辛巳	十八年	二年
442 壬午	十九年	三年
443 癸未	二十年	四年
		北凉沮渠无讳
		承平元年
444 甲申	二十一年	五年
445 乙酉	二十二年	六年
		北凉沮渠安周
		承平三年
446 丙戌	二十三年	七年

447 丁亥	二十四年	八年
448 戊子	二十五年	九年
449 己丑	二十六年	十年
450 庚寅	二十七年	十一年
451 辛卯	二十八年	十二年
		北魏太武帝拓跋焘
		正平元年
452 壬辰	二十九年	二年
		北魏南安王拓跋余
		承平元年
		北魏文成帝拓跋濬
		兴安元年
453 癸巳	三十年	二年
	刘劭　太初元年	
454 甲午	宋孝武帝刘骏	三年
	孝建元年	兴光元年
455 乙未	二年	二年
		太安元年
456 丙申	三年	二年

457	丁酉	大明元年	三年
458	戊戌	二年	四年
459	己亥	三年	五年
460	庚子	四年	和平元年
461	辛丑	五年	二年
462	壬寅	六年	三年
463	癸卯	七年	四年
464	甲辰	八年	五年
			柔然受罗部真可汗
			永康元年
465	乙巳	宋前废帝刘子业	六年
		永光元年	
		景和元年	
		宋明帝刘彧	
		泰始元年	
466	丙午	二年	北魏献文帝拓跋弘
			天安元年
467	丁未	三年	二年
			皇兴元年

468 戊申	四年	二年
469 己酉	五年	三年
470 庚戌	六年	四年
471 辛亥	七年	五年
		北魏孝文帝元宏
		延兴元年
472 壬子	泰豫元年	二年
473 癸丑	宋后废帝刘昱	三年
	元徽元年	
474 甲寅	二年	四年
475 乙卯	三年	五年
476 丙辰	四年	六年
		承明元年
477 丁巳	五年	太和元年
	宋顺帝刘准	
	升明元年	
478 戊午	二年	二年
479 己未	三年	三年
	齐高帝萧道成	

	建元元年	
480 庚申	二年	四年
481 辛酉	三年	五年
482 壬戌	四年	六年
483 癸亥	齐武帝萧赜	
	永明元年	
484 甲子	二年	八年
485 乙丑	三年	九年
		柔然伏名敦可汗
		太平元年
486 丙寅	四年	十年
487 丁卯	五年	十一年
488 戊辰	六年	十二年
489 己巳	七年	十三年
490 庚午	八年	十四年
491 辛未	九年	十五年
492 壬申	十年	十六年
		柔然侯其伏代库者可汗
		太安元年

493 癸酉	十一年	十七年
494 甲戌	齐郁林王萧昭业	十八年
	隆昌元年	
	齐恭王萧昭文	
	延兴元年	
	齐明帝萧鸾	
	建武元年	
495 乙亥	二年	十九年
496 丙子	三年	二十年
497 丁丑	四年	二十一年
498 戊寅	五年	二十二年
	永泰元年	
499 己卯	齐东昏侯萧宝卷	二十三年
	永元元年	
500 庚辰	二年	北魏宣武帝元恪
		景明元年
501辛巳	三年	二年
	齐和帝萧宝融	
	中兴元年	

502 壬午	二年	三年
	梁武帝萧衍	
	天监元年	
503 癸未	二年	四年
504 甲申	三年	正始元年
505 乙酉	四年	二年
506 丙戌	五年	三年
		柔然佗汗可汗
		始平元年
507 丁亥	六年	四年
508 戊子	七年	五年
		永平元年
509 己丑	八年	二年
510 庚寅	九年	三年
511 辛卯	十年	四年
512 壬辰	十一年	五年
		延昌元年
513 癸巳	十二年	二年
514 甲午	十三年	三年

515 乙未	十四年	四年
516 丙申	十五年	北魏孝明帝元诩
		熙平元年
517 丁酉	十六年	二年
518 戊戌	十七年	三年
		神龟元年
519 己亥	十八年	二年
520 庚子	普通元年	三年
		正光元年
521 辛丑	二年	二年
522 壬寅	三年	三年
523 癸卯	四年	四年
524 甲辰	五年	五年
525 乙巳	六年	六年
		孝昌元年
526 丙午	七年	二年
527 丁未	八年	三年
	大通元年	
528 戊申	二年	武泰元年

		北魏孝庄帝元子攸
		建义元年
		永安元年
529 己酉	三年	二年
	中大通元年	
530 庚戌	二年	三年
		北魏东海王元晔
		建明元年
531 辛亥	三年	二年
		北魏节闵帝元恭
		普泰元年
		北魏安定王元朗
		中兴元年
		高昌麴坚 章和元年
532 壬子	四年	二年
		北魏孝武帝元修
		太昌元年
		永兴元年
		永熙元年

533 癸丑	五年	二年
534 甲寅	六年	三年
		东魏孝静帝元善见
		天平元年
535 乙卯	大同元年	西魏文帝元宝炬
		大统元年
536 丙辰	二年	
537 丁巳	三年	
538 戊午	四年	东魏孝静帝元善见
		元象元年
539 己未	五年	兴和元年
540 庚申	六年	
541 辛酉	七年	
542 壬戌	八年	
543 癸亥	九年	武定元年
544 甲子	十年	
545 乙丑	十一年	
546 丙寅	十二年	
	中大同元年	

547	丁卯	二年	
		太清元年	
548	戊辰	二年	
		梁临贺王萧正德	
		正平元年	
549	己巳	二年	高昌麴玄喜
		太清三年	永平元年
550	庚午	梁简文帝萧纲	北齐文宣帝高洋
		大宝元年	天保元年
551	辛未	二年	高昌麴□ 和平元年
		梁豫章王萧栋	西魏废帝元钦 元年
		天正元年	
552	壬申	梁武陵王萧纪	
		天正二年	
		梁元帝萧绎	
		承圣元年	
553	癸酉	二年	
554	甲戌	三年	西魏恭帝拓跋廓
			元年

555 乙亥	四年	高昌麴宝茂
	梁建安公萧渊明	建昌元年
	天成元年	
	梁敬帝萧方智	后梁宣帝萧詧
	绍泰元年	大定元年
556 丙子	二年	
	太平元年	
557 丁丑	二年	北周闵帝宇文觉
	陈武帝陈霸先	元年
	永定元年	北周明帝宇文毓
		元年
558 戊寅	二年	
559 己卯	三年	北周明帝宇文毓
		武成元年
560 庚辰	陈文帝陈蒨	北齐废帝高殷
	天嘉元年	乾明元年
		北齐孝昭帝高演
		皇建元年
561 辛巳	二年	北周武帝宇文邕

			保定元年
			北齐武成帝高湛
			太宁元年
562	壬午	三年	河清元年
			后梁明帝萧岿
			天宝元年
563	癸未	四年	
564	甲申	五年	
565	乙酉	六年	北齐后主高纬
			天统元年
566	丙戌	七年	北周武帝宇文邕
		天康元年	天和元年
567	丁亥	陈废帝陈伯宗	
		光大元年	
568	戊子	二年	
569	己丑	陈宣帝陈顼	
		太建元年	
570	庚寅	二年	北齐后主高纬
			武平元年

571	辛卯	三年	
572	壬辰	四年	北周武帝宇文邕 建德元年
573	癸巳	五年	
574	甲午	六年	
575	乙未	七年	
576	丙申	八年	北齐后主高纬 隆化元年
			北齐安德王高延宗 德昌元年
577	丁酉	九年	北齐幼主高恒 承光元年
			北齐范阳王高绍义 武平元年
578	戊戌	十年	北周武帝宇文邕 宣政元年
579	己亥	十一年	北周宣帝宇文赟 大成元年
			北周静帝宇文衍

年份	干支	陈	后梁	北周/隋
				大象元年
580	庚子	十二年		
581	辛丑	十三年		大定元年
582	壬寅	十四年		
583	癸卯	陈后主陈叔宝		
		至德元年		
584	甲辰	二年		
585	乙巳	三年		
586	丙午	四年	后梁莒公萧琮	
				广运元年
587	丁未	祯明元年		
588	戊申	二年		
589	己酉	三年		

隋

(公元581～618年)

581 辛丑	隋文帝杨坚	开皇元年
582 壬寅		二年
583 癸卯		三年
584 甲辰		四年
585 乙巳		五年
586 丙午		六年
587 丁未		七年
588 戊申		八年
589 己酉		九年
590 庚戌		十年
591 辛亥		十一年
592 壬子		十二年
593 癸丑		十三年

594 甲寅		十四年
595 乙卯		十五年
596 丙辰		十六年
597 丁巳		十七年
598 戊午		十八年
599 己未		十九年
600 庚申		二十年
601 辛酉		仁寿元年
602 壬戌		二年
603 癸亥		三年
604 甲子		四年
605 乙丑	隋炀帝杨广	大业元年
606 丙寅		二年
607 丁卯		三年
608 戊辰		四年
609 己巳		五年
610 庚午		六年
611 辛未		七年
612 壬申		八年

613 癸酉	九年
614 甲戌	十年
615 乙亥	十一年
616 丙子	十二年
617 丁丑	十三年
618 戊寅	十四年

唐

(公元618～907年)

618 戊寅	唐高祖李渊	武德元年
619 己卯		二年
620 庚辰		三年
621 辛巳		四年
622 壬午		五年
623 癸未		六年
624 甲申		七年
625 乙酉		八年
626 丙戌		九年
627 丁亥	唐太宗李世民	贞观元年
628 戊子		二年
629 己丑		三年
630 庚寅		四年

631	辛卯	五年
632	壬辰	六年
633	癸巳	七年
634	甲午	八年
635	乙未	九年
636	丙申	十年
637	丁酉	十一年
638	戊戌	十二年
639	己亥	十三年
640	庚子	十四年
641	辛丑	十五年
642	壬寅	十六年
643	癸卯	十七年
644	甲辰	十八年
645	乙巳	十九年
646	丙午	二十年
647	丁未	二十一年
648	戊申	二十二年
649	己酉	二十三年

650	庚戌	唐高宗李治	永徽元年
651	辛亥		二年
652	壬子		三年
653	癸丑		四年
654	甲寅		五年
655	乙卯		六年
656	丙辰		显庆元年
657	丁巳		二年
658	戊午		三年
659	己未		四年
660	庚申		五年
661	辛酉		六年
			龙朔元年
662	壬戌		二年
663	癸亥		三年
664	甲子		麟德元年
665	乙丑		二年
666	丙寅		乾封元年
667	丁卯		二年

668 戊辰 三年
总章元年
669 己巳 二年
670 庚午 三年
咸亨元年
671 辛未 二年
672 壬申 三年
673 癸酉 四年
674 甲戌 五年
上元元年
675 乙亥 二年
676 丙子 三年
仪凤元年
677 丁丑 二年
678 戊寅 三年
679 己卯 四年
调露元年
680 庚辰 二年
永隆元年

681 辛巳		二年
		开耀元年
682 壬午		二年
		永淳元年
683 癸未		二年
		弘道元年
684 甲申	唐中宗李显	嗣圣元年
	唐睿宗李旦	文明元年
	唐武则天	光宅元年
685 乙酉		垂拱元年
686 丙戌		二年
687 丁亥		三年
688 戊子		四年
689 己丑		永昌元年
		载初元年
690 庚寅	周武则天	天授元年
691 辛卯		二年
692 壬辰		三年
		如意元年

	长寿元年
693 癸巳	二年
694 甲午	三年
	延载元年
695 乙未	证圣元年
	天册万岁元年
696 丙申	万岁登封元年
	万岁通天元年
697 丁酉	二年
	神功元年
698 戊戌	圣历元年
699 己亥	二年
700 庚子	三年
	久视元年
701 辛丑	大足元年
	长安元年
702 壬寅	二年
703 癸卯	三年
704 甲辰	四年

705 乙巳	唐中宗李显	神龙元年
706 丙午		二年
707 丁未		三年
		景龙元年
708 戊申		二年
709 己酉		三年
710 庚戌		四年
	唐殇帝李重茂	唐隆元年
	唐睿宗李旦	景云元年
711 辛亥		二年
712 壬子		太极元年
		延和元年
	唐玄宗李隆基	先天元年
713 癸丑		二年
		开元元年
714 甲寅		二年
715 乙卯		三年
716 丙辰		四年
717 丁巳		五年

718 戊午	六年
719 己未	七年
720 庚申	八年
721 辛酉	九年
722 壬戌	十年
723 癸亥	十一年
724 甲子	十二年
725 乙丑	十三年
726 丙寅	十四年
727 丁卯	十五年
728 戊辰	十六年
729 己巳	十七年
730 庚午	十八年
731 辛未	十九年
732 壬申	二十年
733 癸酉	二十一年
734 甲戌	二十二年
735 乙亥	二十三年
736 丙子	二十四年

737	丁丑	二十五年
738	戊寅	二十六年
739	己卯	二十七年
740	庚辰	二十八年
741	辛巳	二十九年
742	壬午	天宝元年
743	癸未	二年
744	甲申	三载
745	乙酉	四载
746	丙戌	五载
747	丁亥	六载
748	戊子	七载
749	己丑	八载
750	庚寅	九载
751	辛卯	十载
752	壬辰	十一载
753	癸巳	十二载
754	甲午	十三载
755	乙未	十四载

年份	帝王	年号
756 丙申		十五载
	唐肃宗李亨	至德元载
757 丁酉		二载
758 戊戌		三载
		乾元元年
759 己亥		二年
760 庚子		三年
		上元元年
761 辛丑		二年
762 壬寅	唐代宗李豫	宝应元年
763 癸卯		二年
		广德元年
764 甲辰		二年
765 乙巳		永泰元年
766 丙午		二年
		大历元年
767 丁未		二年
768 戊申		三年
769 己酉		四年

770 庚戌		五年
771 辛亥		六年
772 壬子		七年
773 癸丑		八年
774 甲寅		九年
775 乙卯		十年
776 丙辰		十一年
777 丁巳		十二年
778 戊午		十三年
779 己未		十四年
780 庚申	唐德宗李适	建中元年
781 辛酉		二年
782 壬戌		三年
783 癸亥		四年
784 甲子		兴元元年
785 乙丑		贞元元年
786 丙寅		二年
787 丁卯		三年
788 戊辰		四年

789 己巳		五年
790 庚午		六年
791 辛未		七年
792 壬申		八年
793 癸酉		九年
794 甲戌		十年
795 乙亥		十一年
796 丙子		十二年
797 丁丑		十三年
798 戊寅		十四年
799 己卯		十五年
800 庚辰		十六年
801 辛巳		十七年
802 壬午		十八年
803 癸未		十九年
804 甲申		二十年
805 乙酉		二十一年
	唐顺宗李诵	永贞元年
806 丙戌	唐宪宗李纯	元和元年

807 丁亥		二年
808 戊子		三年
809 己丑		四年
810 庚寅		五年
811 辛卯		六年
812 壬辰		七年
813 癸巳		八年
814 甲午		九年
815 乙未		十年
816 丙申		十一年
817 丁酉		十二年
818 戊戌		十三年
819 己亥		十四年
820 庚子		十五年
821 辛丑	唐穆宗李恒	长庆元年
822 壬寅		二年
823 癸卯		三年
824 甲辰		四年
825 乙巳	唐敬宗李湛	宝历元年

826 丙午		二年
827 丁未		三年
	唐文宗李昂	大和元年
828 戊申		二年
829 己酉		三年
830 庚戌		四年
831 辛亥		五年
832 壬子		六年
833 癸丑		七年
834 甲寅		八年
835 乙卯		九年
836 丙辰		开成元年
837 丁巳		二年
838 戊午		三年
839 己未		四年
840 庚申		五年
841 辛酉	唐武宗李炎	会昌元年
842 壬戌		二年
843 癸亥		三年

844	甲子		四年
845	乙丑		五年
846	丙寅		六年
847	丁卯	唐宣宗李忱	大中元年
848	戊辰		二年
849	己巳		三年
850	庚午		四年
851	辛未		五年
852	壬申		六年
853	癸酉		七年
854	甲戌		八年
855	乙亥		九年
856	丙子		十年
857	丁丑		十一年
858	戊寅		十二年
859	己卯		十三年
860	庚辰	唐懿宗李漼	十四年
			咸通元年
861	辛巳		二年

862 壬午		三年
863 癸未		四年
864 甲申		五年
865 乙酉		六年
866 丙戌		七年
867 丁亥		八年
868 戊子		九年
869 己丑		十年
870 庚寅		十一年
871 辛卯		十二年
872 壬辰		十三年
873 癸巳		十四年
874 甲午		十五年
	唐僖宗李儇	乾符元年
875 乙未		二年
876 丙申		三年
877 丁酉		四年
878 戊戌		五年
879 己亥		六年

880 庚子		广明元年
881 辛丑		二年
		中和元年
882 壬寅		二年
883 癸卯		三年
884 甲辰		四年
885 乙巳		五年
		光启元年
886 丙午		二年
887 丁未		三年
888 戊申		四年
		文德元年
889 己酉	唐昭宗李晔	龙纪元年
890 庚戌		大顺元年
891 辛亥		二年
892 壬子		景福元年
893 癸丑		二年
894 甲寅		乾宁元年
895 乙卯		二年

896 丙辰		三年
897 丁巳		四年
898 戊午		五年
		光化元年
899 己未		二年
900 庚申		三年
901 辛酉		四年
		天复元年
902 壬戌		二年
903 癸亥		三年
904 甲子		四年
	唐哀帝李柷	天祐元年
905 乙丑		二年
906 丙寅		三年
907 丁卯		四年

五代十国

（公元 907～960 年）

907　丁卯　后梁太祖朱温　吴越武肃王钱镠
开平元年　天祐四年
吴烈祖杨渥
天祐四年
前蜀高祖王建
天复七年
楚马殷
南汉刘隐
闽王审知
南平高季兴
908 戊辰　二年　吴越武肃王钱镠
天宝元年
前蜀高祖王建

			武成元年
909	己巳	三年	吴高祖杨隆演
			天祐六年
910	庚午	四年	
911	辛未	五年	前蜀高祖王建
			永平元年
		乾化元年	南汉刘龑立
912	壬申	二年	
913	癸酉	后梁郢王朱友珪	
		凤历元年	
		后梁末帝朱瑱	
		乾化三年	
914	甲戌	四年	
915	乙亥	五年	
		贞明元年	
916	丙子	二年	辽太祖耶律亿
			神册元年
			前蜀高祖王建
			通正元年

917 丁丑 三年 天汉元年

南汉高祖刘龑

乾亨元年

918 戊寅 四年 前蜀高祖王建

光天元年

919 己卯 五年 前蜀后主王衍

乾德元年

吴高祖杨隆演

武义元年

920 庚辰 六年

921 辛巳 七年 吴睿帝杨溥

龙德元年 武义三年

顺义元年

922 壬午 二年 辽太祖耶律亿

天赞元年

923 癸未 三年

后唐庄宗李存勗

同光元年

924 甲申 二年 吴越武肃王钱镠

公元 干支	中原王朝	年号	十国及其他
			宝大元年
925 乙酉		三年	前蜀后主王衍
			咸康元年
			南汉高祖刘龑
			白龙元年
			闽王延翰立
			后蜀孟知祥
926 丙戌		四年	吴越武肃王钱镠
			宝正元年
	后唐明宗李亶		闽王鏻立
		天成元年	辽太祖耶律亿
			天显元年
927 丁亥		二年	辽太宗耶律德光
			天显二年
			吴睿帝杨溥
			乾贞元年
928 戊子		三年	南平高从诲立
			南汉高祖刘龑
			大有元年

公元	干支	中原	十国
929	己丑	四年	吴睿帝杨溥 大和元年
930	庚寅	五年	楚马希声立
		长兴元年	
931	辛卯	二年	
932	壬辰	三年	吴越钱元瓘立
			楚马希范立
933	癸巳	四年	闽太宗王鏻 龙启元年
934	甲午	后唐闵帝李从厚 应顺元年	后蜀高祖孟知祥 明德元年
		后唐末帝李从珂 清泰元年	
935	乙未	二年	后蜀后主孟昶 明德二年
			吴睿帝杨溥 天祚元年
			闽太宗王鏻 永和元年

年份	干支	中原	诸国
936	丙申	三年	闽康宗王昶
		后晋高祖石敬瑭	通文元年
		天福元年	
937	丁酉	二年	南唐烈祖李昇
			升元元年
938	戊戌	三年	后蜀孟昶 广政元年
			辽太宗耶律德光
			会同元年
939	己亥	四年	闽景宗王曦
			永隆元年
940	庚子	五年	
941	辛丑	六年	
942	壬寅	七年	南汉殇帝刘玢
			光天元年
943	癸卯	后晋出帝石重贵	南汉中宗刘晟
		天福八年	应乾元年
			乾和元年
			南唐元宗李璟
			保大元年

			闽王延政 天德元年
944	甲辰	九年	
		开运元年	
945	乙巳	二年	
946	丙午	三年	
947	丁未	后汉高祖刘暠	辽太宗耶律德光
		天福十二年	大同元年
			辽世宗耶律阮
			天禄元年
			吴越钱倧立
			吴越钱俶立
			楚马希广立
948	戊申	乾祐元年	南平高保融立
949	己酉	后汉隐帝刘承祐	
		乾祐二年	
950	庚戌	三年	楚马希萼立
951	辛亥	后周太祖郭威	辽穆宗耶律璟
		广顺元年	应历元年
			北汉世祖刘旻

乾祐四年
楚马希崇立
952 壬子 二年
953 癸丑 三年
954 甲寅 显德元年
955 乙卯 后周世宗柴荣 北汉睿宗刘钧
显德二年 乾祐八年
956 丙辰 三年
957 丁巳 四年 天会元年
958 戊午 五年 南汉刘鋹 大宝元年
南唐元宗李璟
中兴元年
交泰元年
959 己未 六年
960 庚申 后周恭帝柴宗训 南平高保勗立
显德七年
961 辛酉 南唐李煜立

北宋、辽

（公元960～1127年）

公元	干支	北宋	辽
960	庚申	宋太祖赵匡胤	辽穆宗耶律璟
		建隆元年	应历十年
961	辛酉	二年	十一年
962	壬戌	三年	十二年
963	癸亥	四年	十三年
		乾德元年	
964	甲子	二年	十四年
965	乙丑	三年	十五年
966	丙寅	四年	十六年
967	丁卯	五年	十七年
968	戊辰	六年	十八年
		开宝元年	
969	己巳	二年	十九年

		辽景宗耶律贤
		保宁元年
970 庚午	三年	二年
971 辛未	四年	三年
972 壬申	五年	四年
973 癸酉	六年	五年
974 甲戌	七年	六年
975 乙亥	八年	七年
976 丙子	九年	八年
	宋太宗赵炅	
	太平兴国元年	
977 丁丑	二年	九年
978 戊寅	三年	十年
979 己卯	四年	十一年
		乾亨元年
980 庚辰	五年	二年
981 辛巳	六年	三年
982 壬午	七年	四年
983 癸未	八年	五年

公元	干支	北宋	辽
			辽圣宗耶律隆绪
			统和元年
984	甲申	九年	二年
		雍熙元年	
985	乙酉	二年	三年
986	丙戌	三年	四年
987	丁亥	四年	五年
988	戊子	端拱元年	六年
989	己丑	二年	七年
990	庚寅	淳化元年	八年
991	辛卯	二年	九年
992	壬辰	三年	十年
993	癸巳	四年	十一年
994	甲午	五年	十二年
995	乙未	至道元年	十三年
996	丙申	二年	十四年
997	丁酉	三年	十五年
998	戊戌	宋真宗赵恒	十六年
		咸平元年	

999 己亥	二年	十七年
1000庚子	三年	十八年
1001辛丑	四年	十九年
1002壬寅	五年	二十年
1003癸卯	六年	二十一年
1004甲辰	景德元年	二十二年
1005乙巳	二年	二十三年
1006丙午	三年	二十四年
1007丁未	四年	二十五年
1008戊申	大中祥符元年	二十六年
1009己酉	二年	二十七年
1010庚戌	三年	二十八年
1011辛亥	四年	二十九年
1012壬子	五年	三十年
		开泰元年
1013癸丑	六年	二年
1014甲寅	七年	三年
1015乙卯	八年	四年
1016丙辰	九年	五年

1017丁巳	天禧元年	六年
1018戊午	二年	七年
1019己未	三年	八年
1020庚申	四年	九年
1021辛酉	五年	十年
		太平元年
1022壬戌	乾兴元年	二年
1023癸亥	宋仁宗赵祯	三年
	天圣元年	
1024甲子	二年	四年
1025乙丑	三年	五年
1026丙寅	四年	六年
1027丁卯	五年	七年
1028戊辰	六年	八年
1029己巳	七年	九年
1030庚午	八年	十年
1031辛未	九年	十一年
		辽兴宗耶律宗真
		景福元年

1032壬申	十年	二年
	明道元年	重熙元年
		西夏景宗赵元昊
		显道元年
1033癸酉	二年	二年
1034甲戌	景祐元年	三年
		开运元年
		广运元年
1035乙亥	二年	四年
1036丙子	三年	五年
		大庆元年
1037丁丑	四年	六年
1038戊寅	五年	七年
	宝元元年	天授礼法延祚元年
1039己卯	二年	八年
1040庚辰	三年	九年
	康定元年	
1041辛巳	二年	十年
	庆历元年	

1042壬午	二年	十一年
1043癸未	三年	十二年
1044甲申	四年	十三年
1045乙酉	五年	十四年
1046丙戌	六年	十五年
1047丁亥	七年	十六年
1048戊子	八年	十七年
1049己丑	皇祐元年	十八年
		西夏毅宗赵谅祚
		延嗣宁国元年
1050庚寅	二年	十九年
		天祐垂圣元年
1051辛卯	三年	二十年
1052壬辰	四年	二十一年
1053癸巳	五年	二十二年
		福圣承道元年
1054甲午	六年	二十三年
	至和元年	
1055乙未	二年	二十四年

		辽道宗耶律洪基
		清宁元年
1056丙申	三年	二年
	嘉祐元年	
1057丁酉	二年	三年
		西夏毅宗赵谅祚
		䊸都元年
1058戊戌	三年	四年
1059己亥	四年	五年
1060庚子	五年	六年
1061辛丑	六年	七年
1062壬寅	七年	八年
1063癸卯	八年	九年
		拱化元年
1064甲辰	宋英宗赵曙	十年
	治平元年	
1065乙巳	二年	辽道宗耶律洪基
		咸雍元年
1066丙午	三年	二年

1067丁未	四年	三年
1068戊申	宋神宗赵顼	四年
	熙宁元年	西夏惠宗赵秉常
		乾道元年
1069己酉	二年	五年
1070庚戌	三年	六年
		天赐礼盛国庆元年
1071辛亥	四年	七年
1072壬子	五年	八年
1073癸丑	六年	九年
1074甲寅	七年	十年
1075乙卯	八年	辽道宗耶律洪基
		大康元年
		西夏惠宗赵秉常
		大安元年
1076丙辰	九年	二年
1077丁巳	十年	三年
1078戊午	元丰元年	四年
1079己未	二年	五年

1080庚申	三年	六年
1081辛酉	四年	七年
1082壬戌	五年	八年
1083癸亥	六年	九年
1084甲子	七年	十年
1085乙丑	八年	辽道宗耶律洪基 大安元年
1086丙寅	宋哲宗赵煦 元祐元年	二年 西夏惠宗赵秉常 天安礼定元年 西夏崇宗赵乾顺 天仪治平元年
1087丁卯	二年	三年
1088戊辰	三年	四年
1089己巳	四年	五年
1090庚午	五年	六年 天祐民安元年
1091辛未	六年	七年
1092壬申	七年	八年

1093癸酉	八年	九年
1094甲戌	九年	十年
	绍圣元年	
1095乙亥	二年	辽道宗耶律洪基
		寿昌元年
1096丙子	三年	二年
1097丁丑	四年	三年
1098戊寅	五年	四年
	元符元年	西夏崇宗赵乾顺
		永安元年
1099己卯	二年	五年
1100庚辰	三年	六年
1101辛巳	宋徽宗赵佶	七年
	建中靖国元年	贞观元年
		辽天祚帝耶律延禧
		乾统元年
1102壬午	崇宁元年	二年
1103癸未	二年	三年
1104甲申	三年	四年

1105乙酉	四年	五年
1106丙戌	五年	六年
1107丁亥	大观元年	七年
1108戊子	二年	八年
1109己丑	三年	九年
1110庚寅	四年	十年
1111辛卯	政和元年	天庆元年
1112壬辰	二年	二年
1113癸巳	三年	三年
1114甲午	四年	四年
		西夏崇宗赵乾顺
		雍宁元年
1115乙未	五年	五年
		金太祖完颜旻
		收国元年
1116丙申	六年	六年
1117丁酉	七年	七年
		天辅元年
1118戊戌	八年	八年

	重和元年	
1119己亥	二年	九年
	宣和元年	西夏崇宗赵乾顺
		元德元年
1120庚子	二年	十年
1121辛丑	三年	辽天祚帝耶律延禧
		保大元年
1122壬寅	四年	二年
1123癸卯	五年	三年
		金太宗完颜晟
		天会元年
1124甲辰	六年	四年
1125乙巳	七年	五年
1126丙午	宋钦宗赵桓	
	靖康元年	
1127丁未	二年	西夏崇宗赵乾顺
		正德元年

南宋、金

(公元1127～1279年)

1127丁未	宋高宗赵构	金太宗完颜晟
	建炎元年	天会五年
1128戊申	二年	六年
1129己酉	三年	七年
1130庚戌	四年	八年
1131辛亥	绍兴元年	九年
1132壬子	二年	十年
1133癸丑	三年	十一年
1134甲寅	四年	十二年
1135乙卯	五年	十三年
		西夏崇宗赵乾顺
		大德元年
1136丙辰	六年	金熙宗完颜亶

		天会十四年
1137丁巳	七年	十五年
1138戊午	八年	天眷元年
1139己未	九年	二年
1140庚申	十年	三年
		西夏仁宗赵仁孝
		大庆元年
1141辛酉	十一年	金熙宗完颜亶
		皇统元年
1142壬戌	十二年	二年
1143癸亥	十三年	三年
1144甲子	十四年	四年
		西夏仁宗赵仁孝
		人庆元年
1145乙丑	十五年	五年
1146丙寅	十六年	六年
1147丁卯	十七年	七年
1148戊辰	十八年	八年
1149己巳	十九年	九年

		西夏仁宗赵仁孝
		天盛元年
		金海陵王完颜亮
		天德元年
1150庚午	二十年	二年
1151辛未	二十一年	三年
1152壬申	二十二年	四年
1153癸酉	二十三年	五年
		贞元元年
1154甲戌	二十四年	二年
1155乙亥	二十五年	三年
1156丙子	二十六年	四年
		正隆元年
1157丁丑	二十七年	二年
1158戊寅	二十八年	三年
1159己卯	二十九年	四年
1160庚辰	三十年	五年
1161辛巳	三十一年	六年
		金世宗完颜雍

		大定元年
1162壬午	三十二年	二年
1163癸未	宋孝宗赵昚	三年
	隆兴元年	
1164甲申	二年	四年
1165乙酉	乾道元年	五年
1166丙戌	二年	六年
1167丁亥	三年	七年
1168戊子	四年	八年
1169己丑	五年	九年
1170庚寅	六年	十年
		西夏仁宗赵仁孝
		乾祐元年
1171辛卯	七年	十一年
1172壬辰	八年	十二年
1173癸巳	九年	十三年
1174甲午	淳熙元年	十四年
1175乙未	二年	十五年
1176丙申	三年	十六年

1177丁酉	四年	十七年
1178戊戌	五年	十八年
1179己亥	六年	十九年
1180庚子	七年	二十年
1181辛丑	八年	二十一年
1182壬寅	九年	二十二年
1183癸卯	十年	二十三年
1184甲辰	十一年	二十四年
1185乙巳	十二年	二十五年
1186丙午	十三年	二十六年
1187丁未	十四年	二十七年
1188戊申	十五年	二十八年
1189己酉	十六年	二十九年
1190庚戌	宋光宗赵惇	金章宗完颜璟
	绍熙元年	明昌元年
1191辛亥	二年	二年
1192壬子	三年	三年
1193癸丑	四年	四年
1194甲寅	五年	五年

年份	南宋	金、西夏
		西夏桓宗赵纯祐
		天庆元年
1195乙卯	宋宁宗赵扩	六年
	庆元元年	
1196丙辰	二年	七年
		金章宗完颜璟
		承安元年
1197丁巳	三年	二年
1198戊午	四年	三年
1199己未	五年	四年
1200庚申	六年	五年
1201辛酉	嘉泰元年	泰和元年
1202壬戌	二年	二年
1203癸亥	三年	三年
1204甲子	四年	四年
1205乙丑	开禧元年	五年
1206丙寅	二年	六年
		西夏襄宗赵安全
		应天元年

1207丁卯	三年	七年
1208戊辰	嘉定元年	八年
1209己巳	二年	金卫绍王完颜永济
		大安元年
1210庚午	三年	二年
		西夏襄宗赵安全
		皇建元年
1211辛未	四年	三年
		西夏神宗赵遵顼
		光定元年
1212壬申	五年	金卫绍王完颜永济
		崇庆元年
1213癸酉	六年	二年
		至宁元年
		金宣宗完颜珣
		贞祐元年
1214甲戌	七年	二年
1215乙亥	八年	三年
1216丙子	九年	四年

1217 丁丑		十年	五年
			兴定元年
1218 戊寅		十一年	二年
1219 己卯		十二年	三年
1220 庚辰		十三年	四年
1221 辛巳		十四年	五年
1222 壬午		十五年	六年
			元光元年
1223 癸未		十六年	二年
		西夏献宗赵德旺	
			乾定元年
1224 甲申		十七年	
		金哀宗完颜守绪	
			正大元年
1225 乙酉	宋理宗赵昀		二年
		宝庆元年	
1226 丙戌		二年	三年
		西夏末主赵睍	
			宝义元年
1227 丁亥		三年	四年

1228戊子	绍定元年	五年
1229己丑	二年	六年
1230庚寅	三年	七年
1231辛卯	四年	八年
1232壬辰	五年	开兴元年
		天兴元年
1233癸巳	六年	二年
1234甲午	端平元年	三年
1235乙未	二年	
1236丙申	三年	
1237丁酉	嘉熙元年	
1238戊戌	二年	
1239己亥	三年	
1240庚子	四年	
1241辛丑	淳祐元年	
1242壬寅	二年	
1243癸卯	三年	
1244甲辰	四年	
1245乙巳	五年	

1246丙午	六年
1247丁未	七年
1248戊申	八年
1249己酉	九年
1250庚戌	十年
1251辛亥	十一年
1252壬子	十二年
1253癸丑	宝祐元年
1254甲寅	二年
1255乙卯	三年
1256丙辰	四年
1257丁巳	五年
1258戊午	六年
1259己未	开庆元年
1260庚申	景定元年
1261辛酉	二年
1262壬戌	三年
1263癸亥	四年
1264甲子	五年

1265乙丑　宋度宗赵禥

咸淳元年

1266丙寅　二年

1267丁卯　三年

1268戊辰　四年

1269己巳　五年

1270庚午　六年

1271辛未　七年

1272壬申　八年

1273癸酉　九年

1274甲戌　十年

1275乙亥　宋恭宗赵㬎

德祐元年

1276丙子　二年

宋端宗赵昰

景炎元年

1277丁丑　二年

1278戊寅　三年

宋卫王赵昺

	祥兴元年
1279己卯	二年

元

(公元1271～1368年)

1271辛未	元世祖忽必烈	至元八年
1272壬申		九年
1273癸酉		十年
1274甲戌		十一年
1275乙亥		十二年
1276丙子		十三年
1277丁丑		十四年
1278戊寅		十五年
1279己卯		十六年
1280庚辰		十七年
1281辛巳		十八年
1282壬午		十九年
1283癸未		二十年

1284甲申		二十一年
1285乙酉		二十二年
1286丙戌		二十三年
1287丁亥		二十四年
1288戊子		二十五年
1289己丑		二十六年
1290庚寅		二十七年
1291辛卯		二十八年
1292壬辰		二十九年
1293癸巳		三十年
1294甲午		三十一年
1295乙未	元成宗铁穆耳	元贞元年
1296丙申		二年
1297丁酉		三年
		大德元年
1298戊戌		二年
1299己亥		三年
1300庚子		四年
1301辛丑		五年

1302壬寅		六年
1303癸卯		七年
1304甲辰		八年
1305乙巳		九年
1306丙午		十年
1307丁未		十一年
1308戊申	元武宗海山	至大元年
1309己酉		二年
1310庚戌		三年
1311辛亥		四年
1312壬子	元仁宗爱育黎拔力八达	皇庆元年
1313癸丑		二年
1314甲寅		延祐元年
1315乙卯		二年
1316丙辰		三年
1317丁巳		四年
1318戊午		五年
1319己未		六年
1320庚申		七年

1321辛酉	元英宗硕德八剌	至治元年
1322壬戌		二年
1323癸亥		三年
1324甲子	元泰定帝也孙铁木儿	泰定元年
1325乙丑		二年
1326丙寅		三年
1327丁卯		四年
1328戊辰		五年
		致和元年
	元幼主阿速吉八	天顺元年
	元文宗图帖睦尔	天历元年
1329己巳		二年
1330庚午		三年
		至顺元年
1331辛未		二年
1332壬申	元宁宗懿璘质班	三年
1333癸酉	元惠宗妥懽帖睦尔	四年
		元统元年
1334甲戌		二年

1335乙亥	三年
	至元元年
1336丙子	二年
1337丁丑	三年
1338戊寅	四年
1339己卯	五年
1340庚辰	六年
1341辛巳	至正元年
1342壬午	二年
1343癸未	三年
1344甲申	四年
1345乙酉	五年
1346丙戌	六年
1347丁亥	七年
1348戊子	八年
1349己丑	九年
1350庚寅	十年
1351辛卯	十一年
1352壬辰	十二年

1353癸巳	十三年
1354甲午	十四年
1355乙未	十五年
1356丙申	十六年
1357丁酉	十七年
1358戊戌	十八年
1359己亥	十九年
1360庚子	二十年
1361辛丑	二十一年
1362壬寅	二十二年
1363癸卯	二十三年
1364甲辰	二十四年
1365乙巳	二十五年
1366丙午	二十六年
1367丁未	二十七年
1368戊申	二十八年

明

(公元1368～1644年)

1368戊申	明太祖朱元璋	洪武元年
1369己酉		二年
1370庚戌		三年
1371辛亥		四年
1372壬子		五年
1373癸丑		六年
1374甲寅		七年
1375乙卯		八年
1376丙辰		九年
1377丁巳		十年
1378戊午		十一年
1379己未		十二年
1380庚申		十三年

1381辛酉		十四年
1382壬戌		十五年
1383癸亥		十六年
1384甲子		十七年
1385乙丑		十八年
1386丙寅		十九年
1387丁卯		二十年
1388戊辰		二十一年
1389己巳		二十二年
1390庚午		二十三年
1391辛未		二十四年
1392壬申		二十五年
1393癸酉		二十六年
1394甲戌		二十七年
1395乙亥		二十八年
1396丙子		二十九年
1397丁丑		三十年
1398戊寅		三十一年
1399己卯	明惠帝朱允炆	建文元年

1400庚辰		二年
1401辛巳		三年
1402壬午		四年
1403癸未	明成祖朱棣	永乐元年
1404甲申		二年
1405乙酉		三年
1406丙戌		四年
1407丁亥		五年
1408戊子		六年
1409己丑		七年
1410庚寅		八年
1411辛卯		九年
1412壬辰		十年
1413癸巳		十一年
1414甲午		十二年
1415乙未		十三年
1416丙申		十四年
1417丁酉		十五年
1418戊戌		十六年

1419己亥		十七年
1420庚子		十八年
1421辛丑		十九年
1422壬寅		二十年
1423癸卯		二十一年
1424甲辰		二十二年
1425乙巳	明仁宗朱高炽	洪熙元年
1426丙午	明宣宗朱瞻基	宣德元年
1427丁未		二年
1428戊申		三年
1429己酉		四年
1430庚戌		五年
1431辛亥		六年
1432壬子		七年
1433癸丑		八年
1434甲寅		九年
1435乙卯		十年
1436丙辰	明英宗朱祁镇	正统元年
1437丁巳		二年

1438戊午		三年
1439己未		四年
1440庚申		五年
1441辛酉		六年
1442壬戌		七年
1443癸亥		八年
1444甲子		九年
1445乙丑		十年
1446丙寅		十一年
1447丁卯		十二年
1448戊辰		十三年
1449己巳		十四年
1450庚午	明代宗朱祁钰	景泰元年
1451辛未		二年
1452壬申		三年
1453癸酉		四年
1454甲戌		五年
1455乙亥		六年
1456丙子		七年

1457丁丑	明英宗朱祁镇	天顺元年
1458戊寅		二年
1459己卯		三年
1460庚辰		四年
1461辛巳		五年
1462壬午		六年
1463癸未		七年
1464甲申		八年
1465乙酉	明宪宗朱见深	成化元年
1466丙戌		二年
1467丁亥		三年
1468戊子		四年
1469己丑		五年
1470庚寅		六年
1471辛卯		七年
1472壬辰		八年
1473癸巳		九年
1474甲午		十年
1475乙未		十一年

1476丙申		十二年
1477丁酉		十三年
1478戊戌		十四年
1479己亥		十五年
1480庚子		十六年
1481辛丑		十七年
1482壬寅		十八年
1483癸卯		十九年
1484甲辰		二十年
1485乙巳		二十一年
1486丙午		二十二年
1487丁未		二十三年
1488戊申	明孝宗朱祐樘	弘治元年
1489己酉		二年
1490庚戌		三年
1491辛亥		四年
1492壬子		五年
1493癸丑		六年
1494甲寅		七年

1495乙卯		八年
1496丙辰		九年
1497丁巳		十年
1498戊午		十一年
1499己未		十二年
1500庚申		十三年
1501辛酉		十四年
1502壬戌		十五年
1503癸亥		十六年
1504甲子		十七年
1505乙丑		十八年
1506丙寅	明武宗朱厚照	正德元年
1507丁卯		二年
1508戊辰		三年
1509己巳		四年
1510庚午		五年
1511辛未		六年
1512壬申		七年
1513癸酉		八年

1514甲戌		九年
1515乙亥		十年
1516丙子		十一年
1517丁丑		十二年
1518戊寅		十三年
1519己卯		十四年
1520庚辰		十五年
1521辛巳		十六年
1522壬午	明世宗朱厚熜	嘉靖元年
1523癸未		二年
1524甲申		三年
1525乙酉		四年
1526丙戌		五年
1527丁亥		六年
1528戊子		七年
1529己丑		八年
1530庚寅		九年
1531辛卯		十年
1532壬辰		十一年

1533癸巳	十二年
1534甲午	十三年
1535乙未	十四年
1536丙申	十五年
1537丁酉	十六年
1538戊戌	十七年
1539己亥	十八年
1540庚子	十九年
1541辛丑	二十年
1542壬寅	二十一年
1543癸卯	二十二年
1544甲辰	二十三年
1545乙巳	二十四年
1546丙午	二十五年
1547丁未	二十六年
1548戊申	二十七年
1549己酉	二十八年
1550庚戌	二十九年
1551辛亥	三十年

1552壬子		三十一年
1553癸丑		三十二年
1554甲寅		三十三年
1555乙卯		三十四年
1556丙辰		三十五年
1557丁巳		三十六年
1558戊午		三十七年
1559己未		三十八年
1560庚申		三十九年
1561辛酉		四十年
1562壬戌		四十一年
1563癸亥		四十二年
1564甲子		四十三年
1565乙丑		四十四年
1566丙寅		四十五年
1567丁卯	明穆宗朱载垕	隆庆元年
1568戊辰		二年
1569己巳		三年
1570庚午		四年

1571辛未		五年
1572壬申		六年
1573癸酉	明神宗朱翊钧	万历元年
1574甲戌		二年
1575乙亥		三年
1576丙子		四年
1577丁丑		五年
1578戊寅		六年
1579己卯		七年
1580庚辰		八年
1581辛巳		九年
1582壬午		十年
1583癸未		十一年
1584甲申		十二年
1585乙酉		十三年
1586丙戌		十四年
1587丁亥		十五年
1588戊子		十六年
1589己丑		十七年

1590庚寅	十八年
1591辛卯	十九年
1592壬辰	二十年
1593癸巳	二十一年
1594甲午	二十二年
1595乙未	二十三年
1596丙申	二十四年
1597丁酉	二十五年
1598戊戌	二十六年
1599己亥	二十七年
1600庚子	二十八年
1601辛丑	二十九年
1602壬寅	三十年
1603癸卯	三十一年
1604甲辰	三十二年
1605乙巳	三十三年
1606丙午	三十四年
1607丁未	三十五年
1608戊申	三十六年

1609己酉		三十七年
1610庚戌		三十八年
1611辛亥		三十九年
1612壬子		四十年
1613癸丑		四十一年
1614甲寅		四十二年
1615乙卯		四十三年
1616丙辰		四十四年
1617丁巳		四十五年
1618戊午		四十六年
1619己未		四十七年
1620庚申		四十八年
	明光宗朱常洛	泰昌元年
1621辛酉	明熹宗朱由校	天启元年
1622壬戌		二年
1623癸亥		三年
1624甲子		四年
1625乙丑		五年
1626丙寅		六年

1627丁卯		七年
1628戊辰	明毅宗朱由检	崇祯元年
1629己巳		二年
1630庚午		三年
1631辛未		四年
1632壬申		五年
1633癸酉		六年
1634甲戌		七年
1635乙亥		八年
1636丙子		九年
1637丁丑		十年
1638戊寅		十一年
1639己卯		十二年
1640庚辰		十三年
1641辛巳		十四年
1642壬午		十五年
1643癸未		十六年
1644甲申		十七年

清

(公元1644～1911年)

1644甲申	清世祖福临	顺治元年
1645乙酉		二年
1646丙戌		三年
1647丁亥		四年
1648戊子		五年
1649己丑		六年
1650庚寅		七年
1651辛卯		八年
1652壬辰		九年
1653癸巳		十年
1654甲午		十一年
1655乙未		十二年
1656丙申		十三年

1657丁酉		十四年
1658戊戌		十五年
1659己亥		十六年
1660庚子		十七年
1661辛丑		十八年
1662壬寅	清圣祖玄烨	康熙元年
1663癸卯		二年
1664甲辰		三年
1665乙巳		四年
1666丙午		五年
1667丁未		六年
1668戊申		七年
1669己酉		八年
1670庚戌		九年
1671辛亥		十年
1672壬子		十一年
1673癸丑		十二年
1674甲寅		十三年
1675乙卯		十四年

1676丙辰	十五年
1677丁巳	十六年
1678戊午	十七年
1679己未	十八年
1680庚申	十九年
1681辛酉	二十年
1682壬戌	二十一年
1683癸亥	二十二年
1684甲子	二十三年
1685乙丑	二十四年
1686丙寅	二十五年
1687丁卯	二十六年
1688戊辰	二十七年
1689己巳	二十八年
1690庚午	二十九年
1691辛未	三十年
1692壬申	三十一年
1693癸酉	三十二年
1694甲戌	三十三年

1695乙亥	三十四年
1696丙子	三十五年
1697丁丑	三十六年
1698戊寅	三十七年
1699己卯	三十八年
1700庚辰	三十九年
1701辛巳	四十年
1702壬午	四十一年
1703癸未	四十二年
1704甲申	四十三年
1705乙酉	四十四年
1706丙戌	四十五年
1707丁亥	四十六年
1708戊子	四十七年
1709己丑	四十八年
1710庚寅	四十九年
1711辛卯	五十年
1712壬辰	五十一年
1713癸巳	五十二年

1714甲午		五十三年
1715乙未		五十四年
1716丙申		五十五年
1717丁酉		五十六年
1718戊戌		五十七年
1719己亥		五十八年
1720庚子		五十九年
1721辛丑		六十年
1722壬寅		六十一年
1723癸卯	清世宗胤禛	雍正元年
1724甲辰		二年
1725乙巳		三年
1726丙午		四年
1727丁未		五年
1728戊申		六年
1729己酉		七年
1730庚戌		八年
1731辛亥		九年
1732壬子		十年

1733癸丑		十一年
1734甲寅		十二年
1735乙卯		十三年
1736丙辰	清高宗弘历	乾隆元年
1737丁巳		二年
1738戊午		三年
1739己未		四年
1740庚申		五年
1741辛酉		六年
1742壬戌		七年
1743癸亥		八年
1744甲子		九年
1745乙丑		十年
1746丙寅		十一年
1747丁卯		十二年
1748戊辰		十三年
1749己巳		十四年
1750庚午		十五年
1751辛未		十六年

1752壬申	十七年
1753癸酉	十八年
1754甲戌	十九年
1755乙亥	二十年
1756丙子	二十一年
1757丁丑	二十二年
1758戊寅	二十三年
1759己卯	二十四年
1760庚辰	二十五年
1761辛巳	二十六年
1762壬午	二十七年
1763癸未	二十八年
1764甲申	二十九年
1765乙酉	三十年
1766丙戌	三十一年
1767丁亥	三十二年
1768戊子	三十三年
1769己丑	三十四年
1770庚寅	三十五年

1771辛卯	三十六年
1772壬辰	三十七年
1773癸巳	三十八年
1774甲午	三十九年
1775乙未	四十年
1776丙申	四十一年
1777丁酉	四十二年
1778戊戌	四十三年
1779己亥	四十四年
1780庚子	四十五年
1781辛丑	四十六年
1782壬寅	四十七年
1783癸卯	四十八年
1784甲辰	四十九年
1785乙巳	五十年
1786丙午	五十一年
1787丁未	五十二年
1788戊申	五十三年
1789己酉	五十四年

1790庚戌		五十五年
1791辛亥		五十六年
1792壬子		五十七年
1793癸丑		五十八年
1794甲寅		五十九年
1795乙卯		六十年
1796丙辰	清仁宗颙琰	嘉庆元年
1797丁巳		二年
1798戊午		三年
1799己未		四年
1800庚申		五年
1801辛酉		六年
1802壬戌		七年
1803癸亥		八年
1804甲子		九年
1805乙丑		十年
1806丙寅		十一年
1807丁卯		十二年
1808戊辰		十三年

1809己巳		十四年
1810庚午		十五年
1811辛未		十六年
1812壬申		十七年
1813癸酉		十八年
1814甲戌		十九年
1815乙亥		二十年
1816丙子		二十一年
1817丁丑		二十二年
1818戊寅		二十三年
1819己卯		二十四年
1820庚辰		二十五年
1821辛巳	清宣宗旻宁	道光元年
1822壬午		二年
1823癸未		三年
1824甲申		四年
1825乙酉		五年
1826丙戌		六年
1827丁亥		七年

1828戊子	八年
1829己丑	九年
1830庚寅	十年
1831辛卯	十一年
1832壬辰	十二年
1833癸巳	十三年
1834甲午	十四年
1835乙未	十五年
1836丙申	十六年
1837丁酉	十七年
1838戊戌	十八年
1839己亥	十九年
1840庚子	二十年
1841辛丑	二十一年
1842壬寅	二十二年
1843癸卯	二十三年
1844甲辰	二十四年
1845乙巳	二十五年
1846丙午	二十六年

1847丁未		二十七年
1848戊申		二十八年
1849己酉		二十九年
1850庚戌		三十年
1851辛亥	清文宗奕詝	咸丰元年
1852壬子		二年
1853癸丑		三年
1854甲寅		四年
1855乙卯		五年
1856丙辰		六年
1857丁巳		七年
1858戊午		八年
1859己未		九年
1860庚申		十年
1861辛酉		十一年
1862壬戌	清穆宗载淳	同治元年
1863癸亥		二年
1864甲子		三年
1865乙丑		四年

1866丙寅		五年
1867丁卯		六年
1868戊辰		七年
1869己巳		八年
1870庚午		九年
1871辛未		十年
1872壬申		十一年
1873癸酉		十二年
1874甲戌		十三年
1875乙亥	清德宗载湉	光绪元年
1876丙子		二年
1877丁丑		三年
1878戊寅		四年
1879己卯		五年
1880庚辰		六年
1881辛巳		七年
1882壬午		八年
1883癸未		九年
1884甲申		十年

1885乙酉	十一年
1886丙戌	十二年
1887丁亥	十三年
1888戊子	十四年
1889己丑	十五年
1890庚寅	十六年
1891辛卯	十七年
1892壬辰	十八年
1893癸巳	十九年
1894甲午	二十年
1895乙未	二十一年
1896丙申	二十二年
1897丁酉	二十三年
1898戊戌	二十四年
1899己亥	二十五年
1900庚子	二十六年
1901辛丑	二十七年
1902壬寅	二十八年
1903癸卯	二十九年

1904甲辰		三十年
1905乙巳		三十一年
1906丙午		三十二年
1907丁未		三十三年
1908戊申		三十四年
1909己酉	清溥仪	宣统元年
1910庚戌		二年
1911辛亥		三年

年 号 通 检

二　画

丁丑	窦建德　(隋)	617
人庆	西夏仁宗赵仁孝	1144—1148
人知	雷进　(宋)	?

三　画

广安	葛荣　(北朝)	526—528
	大理段廉义	1077—1080
广初	十国吴越武肃王钱镠	?
广运	南朝后梁莒公萧琮	586—587
	十国北汉英武帝何继元	974—979
	西夏景宗赵元昊	1034—1036
	后理段正严	?
广明	唐僖宗李儇	880—881
	大理段素英	986—?
广政	十国后蜀后主孟昶	938—965
广顺	五代后周太祖郭威	951—953
广德	唐代宗李豫	763—764

	大理段思聪	?
	杨起隆　(清)	1673
万历	明神宗朱翊钧	1573—1620
万岁登封	周武则天	696
万岁通天	周武则天	696— 697
万利	黎树　(清)	1797
万乘	杜可用　(元)	1280
大义	陈友谅　(元)	1360—1361
大历	唐代宗李豫	766— 779
大丰	南诏劝利晟	820— 824
大中	唐宣宗李忱	847— 859
大中祥符	北宋真宗赵恒	1008—1016
大世	刘迦论　(隋)	614
大圣	董昌　(唐)	894— 895
大圣天王	杨么　(宋)	1133—1135
大业	隋炀帝杨广	605— 618
大安	西夏惠宗赵秉常	1075—1085
	辽道宗耶律洪基	1085—1094
	金卫绍王完颜永济	1209—1211

大庆	西夏景宗赵元昊	1036—1038
	西夏仁宗赵仁孝	1140—1144
	王耀祖　(清)	1665
	王大叔　(清)	1797
大兴	东晋元帝司马睿	318— 321
	渤海文王大钦茂	738— 793
大有	十国南汉高祖刘龑	928— 942
大观	北宋徽宗赵佶	1107—1110
大同	南朝梁武帝萧衍	535— 546
	辽太宗耶律德光	947
大成	北朝北周宣帝宇文赟	579
大亨	桓玄　(晋)	402— 403
大足	周武则天	701
大定	南朝后梁宣帝萧詧	555— 562
	北朝北周静帝宇文衍	581
	金世宗完颜雍	1161—1189
	陈友谅　(元)	1362—1363
大宝	南朝梁简文帝萧纲	550— 551
	十国南汉刘铱	958— 971

	后理段正兴	?
	蔡伯贯　(明)	1565
大明	南朝宋孝武帝刘骏	457— 464
	大义宁杨干真	?
大和	唐文宗李昂	827— 835
	十国吴睿帝杨溥	929— 935
大顺	唐昭宗李晔	890— 891
	张献忠　(明)	1644—1646
大统	北朝西魏文帝元宝炬	535— 551
	明玉珍　(元)	1362—1366
大通	南朝梁武帝萧衍	527— 529
大乘	法庆　(北朝)	?
大康	辽道宗耶律洪基	1075—1084
大象	北朝北周静帝宇文衍	579— 580
大德	西夏崇宗赵乾顺	1135—1139
	元成宗铁穆耳	1297—1307
上元	唐高宗李治	674— 676
	唐肃宗李亨	760— 761
	南诏异牟寻	? — 808

上治	大理高升泰	1095—1096
上明	大理段寿辉	1081
上德	大理段廉义	1076
上愿	鲜于琛　(南朝)	535
久视	周武则天	700
义宁	隋恭帝杨侑	617— 618
义和	十六国北凉沮渠蒙逊	431— 433
	高昌麴□	614— 619
义嘉	刘子勋　(南朝)	466
义熙	东晋安帝司马德宗	405— 418

四　画

文安	后理段正淳	?
文兴	魏枝叶　(清)	1706
文治	后理段正严	?
文明	唐睿宗李旦	684
文经	大理段思英	945
文德	唐僖宗李儇	888
	大理段思平	937— ?

王霸	黄巢 (唐)	878—880
天元	北元脱古思帖木儿	1378—1387
天开	后理段智祥	1206—?
天历	元文宗图帖睦尔	1328—1330
天凤	新王莽	14—19
天汉	西汉武帝刘彻	前100—前97
	十国前蜀高祖王建	917
天平	北朝东魏孝静帝元善见	534—537
天正	南朝梁豫章王萧栋	551
	南朝梁武陵王萧纪	552—553
	耶律窝干 (辽)	1161—1162
	山东东明农民起义	1648
天圣	北宋仁宗赵祯	1023—1032
天册	三国吴末帝孙皓	275
天册万岁	周武则天	695
天仪治平	西夏崇宗赵乾顺	1086—1089
天安	北朝北魏献文帝拓跋弘	466—467
天安礼定	西夏惠宗赵秉常	1086
天庆	大延琳 (辽)	1029—1030

	辽天祚帝耶律延禧	1111—1120
天兴	北朝北魏道武帝拓跋珪	398— 404
	刘武周 (隋)	617— 620
	敖罗孛极烈 (金)	1147
	金哀宗完颜守绪	1232—1234
天成	南朝梁建安公萧渊明	555
	安庆绪 (唐)	757— 759
	五代后唐明宗李亶	926— 930
天纪	三国吴末帝孙皓	277— 280
天会	十国北汉睿宗刘钧	957— 968
	十国北汉英武帝何继元	969— 973
	金太宗完颜晟	1123—1135
	金熙宗完颜亶	1136—1137
天应	大长和郑隆亶	927— 928
天启	元法僧 (北朝)	525
	萧庄 (南朝)	558— 560
	南诏劝丰佑	? — 859
	徐寿辉 (元)	1358
	明熹宗朱由校	1621—1627

天寿	宇文化及 (唐)	618— 619
天运	张普薇 (明)	1637
天佑	张士诚 (元)	1354—1357
天定	后理段兴智	?
	徐寿辉 (元)	1359—1360
	玉琳 (明)	洪武年间
	刘守分 (清)	1644
天宝	唐玄宗李隆基	742— 756
	十国吴越武肃王钱镠	908— 923
天建	莫折念生 (北朝)	524— 527
天明	辅公祐 (唐)	623— ?
	大理段素兴	? —1044
天和	北朝北周武帝宇文邕	566— 572
天命	后金爱新觉罗努尔哈赤	1616—1626
天祐	唐昭宗李晔	904
	唐哀帝李柷	904— 907
	十国吴烈祖杨渥	906— 908
	十国吴高祖杨隆演	909— 919
	十国吴越武肃王钱镠	907

	李克用（五代）	907
	李存勗（五代）	908—923
	李茂贞（五代）	907—924
	大理段正明	?
	乞奴（金）	?
天祐民安	西夏崇宗赵乾顺	1090—1097
天祐垂圣	西夏毅宗赵谅祚	1050—1052
天祚	十国吴睿帝杨溥	935—937
天政	后理段正淳	?
天顺	杨安儿（金）	1214
	元幼主阿速吉八	1328
	李珍（明）	1457—1464
	明英宗朱祁镇	1457—1464
	萧惟堂（清）	1661
天战	陈万（宋）	?
天显	辽太祖耶律亿	926
	辽太祖耶律德光	927—938
天威	耶厮不（金）	1216
天皇	朱泚（唐）	784

天保	北朝北齐文宣帝高洋	550— 559
	南朝后梁明帝萧岿	562— 585
天统	邢杲 (北朝)	528— 529
	北朝北齐后主高纬	565— 569
天复	唐昭宗李晔	901— 904
	十国前蜀高祖王建	907
	回离保 (辽)	1123
天泰	蒲鲜万奴 (金)	1215—1233
天真混	李文 (明)	万历年间
天载	钟相 (宋)	1130
天监	南朝梁武帝萧衍	502— 519
天造	刘黑闼 (唐)	622— 623
天玺	三国吴末帝孙皓	276
	十六国北凉段业	399— 401
天眷	金熙宗完颜亶	1138—1140
天康	桓谦 (晋)	404— 405
	南朝陈文帝陈蒨	566
天渊	田斌 (明)	?
天辅	后理段智祥	?

年号	使用者	年代
	金太祖完颜旻	1117—1123
天授	刘获、郑辩　(北朝)	527
	周武则天	690— 692
	后理段正淳	1097— ?
天授礼法延祚		
	西夏景宗赵元昊	1038—1048
天盛	西夏仁宗赵仁孝	1149—1169
天赐	北朝北魏道武帝拓跋珪	404— 409
	刘永昌　(金)	1214
天赐礼盛国庆		
	西夏惠宗赵秉常	1070—1074
天福	五代后晋高祖石敬瑭	936— 942
	五代后晋出帝石重贵	943— 944
	五代后汉高祖刘暠	947
天禄	辽世宗耶律阮	947— 951
天瑞景星	大长和郑仁旻	?
天嘉	南朝陈文帝陈蒨	560— 566
天嗣	萧干　(辽)	1123
天聪	后金爱新觉罗皇太极	1627—1636

天德	十国闽王延政	943— 945
	金海陵炀王完颜亮	1149— 1153
	金山 (金)	1216— 1217
	张念一 (清)	1708
	各地天地会 (清)	?
天禧	北宋真宗赵恒	1017— 1021
	西辽耶律直鲁古	1178— 1211
天赞	辽太祖耶律亿	922— 926
元丰	北宋神宗赵顼	1078— 1085
元凤	西汉昭帝刘弗陵	前80— 前75
元平	西汉昭帝刘弗陵	前74
元兴	东汉和帝刘肇	105
	三国吴末帝孙皓	264— 265
	东晋安帝司马德宗	402— 404
元光	西汉武帝刘彻	前134—前129
	窦冲 (晋)	393— 394
	刘浑 (南朝)	454
	金宣宗完颜珣	1222— 1223
元贞	元成宗铁穆耳	1295— 1297

元亨	后理段智兴	?
元初	东汉安帝刘祜	114— 120
元延	西汉成帝刘骜	前12— 前9
元寿	西汉哀帝刘欣	前2— 前1
	后理段智廉	? — 1205
元武	朱征煠 (明)	?
元和	东汉章帝刘炟	84— 87
	唐宪宗李纯	806— 820
元始	西汉平帝刘衎	1— 5
元祐	北宋哲宗赵煦	1086— 1094
元封	西汉武帝刘彻	前110—前105
元狩	西汉武帝刘彻	前122—前117
元统	耶律留哥 (金)	1213— 1215
	元惠宗妥懽帖睦尔	1333— 1335
元朔	西汉武帝刘彻	前128—前123
元玺	十六国前燕慕容儁	352— 357
元康	西汉宣帝刘询	前65— 前61
	西晋惠帝司马衷	291— 299
元符	北宋哲宗赵煦	1098— 1100

元鼎	西汉武帝刘彻	前116—前111
元象	北朝东魏孝静帝元善见	538— 539
元嘉	东汉桓帝刘志	151— 153
	南朝宋文帝刘义隆	424— 453
元熙	十六国汉刘渊	304— 308
	东晋恭帝司马德文	419— 420
元德	西夏崇宗赵乾顺	1119— 1127
元徽	南朝宋后废帝刘昱	473— 477
五凤	西汉宣帝刘询	前57— 前54
	三国吴会稽王孙亮	254— 256
	窦建德 (隋)	618— 621
太上	十六国南燕慕容超	405— 410
太元	三国吴大帝孙权	251— 252
	十六国前凉张骏	324— 346
	东晋孝武帝司马曜	376— 396
太宁	东晋明帝司马绍	323— 326
	十六国后赵石虎	349
	北朝北齐武成帝高湛	561— 562
太平	三国吴会稽王孙亮	256— 258

	赵廞（晋）	300—301
	十六国北燕冯跋	409—430
	柔然伏名敦可汗	485—492
	南朝梁敬帝萧方智	556—557
	林士弘（隋）	616—622
	李婆备（宋）	建炎年间
	辽圣宗耶律隆绪	1021—1031
	徐寿辉（元）	1356—1358
太平天国	洪秀全（清）	1851—1864
太平真君	北朝北魏太武帝拓跋焘	440—451
太平兴国	北宋太宗赵炅	976—984
太安	西晋惠帝司马衷	302—303
	十六国前秦苻丕	385—386
	十六国后凉吕光	386—389
	北朝北魏文成帝拓跋濬	455—459
	柔然侯其伏代库者可汗	492—506
太兴	十六国北燕冯弘	431—436
太初	西汉武帝刘彻	前104—前101
	十六国前秦苻登	386—394

	十六国西秦乞伏乾归	388— 400
	十六国南凉秃发乌孤	397— 399
	南朝宋刘劭	453
太初元将	西汉哀帝刘欣	前5
太延	北朝北魏太武帝拓跋焘	435— 440
太极	唐睿宗李旦	712
太建	南朝陈宣帝陈顼	569— 582
太昌	北朝北魏孝武帝元修	532
太和	三国魏明帝曹叡	227— 233
	十六国后赵石勒	328— 330
	十六国成汉李势	344— 346
	东晋废帝司马奕	366— 371
	北朝北魏孝文帝元宏	477— 499
太始	西汉武帝刘彻	前96—前93
	十六国前凉张玄靓	355— 363
	侯景 (南朝)	551— 552
	渤海简王大明忠	818
太清	十六国前凉张天锡	363— 376
	南朝梁武帝萧衍	547— 549

太康	西晋武帝司马炎	280— 289
太熙	西晋武帝司马炎	290
开元	唐玄宗李隆基	713— 741
开平	五代后梁太祖朱温	907— 911
开庆	南宋理宗赵昀	1259
开兴	金哀宗完颜守绪	1232
开成	唐文宗李昂	836— 840
开运	五代后晋出帝石重贵	944— 946
	西夏景宗赵元昊	1034
开宝	北宋太祖赵匡胤	968— 976
开明	王世充 (唐)	619— 621
	后理段正淳	?
开皇	隋文帝杨坚	581— 600
开泰	辽圣宗耶律隆绪	1012—1021
开熙	明升 (元)	1366—1371
开禧	南宋宁宗赵扩	1205—1207
开耀	唐高宗李治	681— 682
见龙	南诏异牟寻	779— ?
日新	后理段正严	1109— ?

中大同	南朝梁武帝萧衍	546—547
中大通	南朝梁武帝萧衍	529—534
中元克复	李重福 (唐)	710
中平	东汉灵帝刘宏	184—189
中兴	十六国西燕慕容永	386—394
	南朝齐和帝萧宝融	501—502
	北朝北魏安定王元朗	531—532
	渤海成王大华屿	794
	南诏舜化真	898—902
	十国南唐元宗李璟	958
	蒋尔恂 (清)	1647
中和	唐僖宗李儇	881—885
中统	元世祖忽必烈	1260—1264
升元	十国南唐烈祖李昪	937—943
升平	东晋穆帝司马聃	357—361
升明	南朝宋顺帝刘准	477—479
升国	袁晁 (唐)	762—763
仁安	渤海武王大武艺	720—737
仁寿	隋文帝杨坚	601—604

	后理段智祥	?
化顺	王均 (宋)	1000
凤历	五代后梁郢王朱友珪	913
	后理段智廉	1201— ?
凤凰	三国吴末帝孙皓	272— 274
	李金银 (晋)	370
	张大豫 (晋)	386
凤翔	十六国夏赫连勃勃	413— 418
长庆	唐穆宗李恒	821— 824
长兴	五代后唐明宗李亶	930— 933
长安	周武则天	701— 704
长乐	十六国后燕慕容盛	399— 401
长寿	周武则天	692— 694
	南诏阁逻凤	751

五　画

永元	东汉和帝刘肇	89— 105
	十六国前凉张茂	320— 323
	南朝齐东昏侯萧宝卷	499— 501

永历	南明桂王朱由榔	1647—1661
永凤	十六国汉刘渊	308—309
永宁	东汉安帝刘祜	120—121
	西晋惠帝司马衷	301—302
	十六国后赵石祇	350—351
永汉	东汉献帝刘协	189
	刘敬躬　(南朝)	542
永平	东汉明帝刘庄	58—75
	西晋惠帝司马衷	291
	北朝北魏宣武帝元恪	508—512
	高昌麴玄喜	549—550
	李密　(隋)	617—618
	十国前蜀高祖王建	911—915
永弘	十六国西秦乞伏暮末	428—431
永安	三国吴景帝孙休	258—264
	西晋惠帝司马衷	304
	十六国前凉张寔	314—320
	十六国北凉沮渠蒙逊	401—412
	北朝北魏孝庄帝元子攸	528—530

	西夏崇宗赵乾顺	1098—1100
永兴	东汉桓帝刘志	153— 154
	西晋惠帝司马衷	304— 306
	冉闵 (冉魏)	350— 352
	十六国前秦苻坚	357— 359
	北朝北魏明元帝拓跋嗣	409— 413
	北朝北魏孝武帝元修	532
	张惟元 (明)	1628
永光	西汉元帝刘奭	前43—前39
	南朝宋前废帝刘子业	465
永贞	唐顺宗李诵	805
	后理段正兴	1148— ?
永乐	十六国前凉张重华	346— 353
	张遇贤 (五代)	942— 943
	方腊 (宋)	1120—1121
	明成祖朱棣	1403—1424
永初	东汉安帝刘祜	107— 113
	南朝宋武帝刘裕	420— 422
永寿	东汉桓帝刘志	155— 158

永定	南朝陈武帝陈霸先	557— 559
永建	东汉顺帝刘保	126— 132
	十六国西凉李恂	420— 421
永昌	东晋元帝司马睿	322— 323
	唐武则天	689
	李自成 (明)	1644—1645
永明	南朝齐武帝萧赜	483— 493
永和	东汉顺帝刘保	136— 141
	东晋穆帝司马聃	345— 356
	十六国后秦姚泓	416— 417
	十六国北凉沮渠牧犍	433— 439
	十国闽太宗王镂	935
永始	西汉成帝刘骜	前16—前13
	桓玄 (晋)	403— 404
永泰	南朝齐明帝萧鸾	498
	唐代宗李豫	765— 766
永淳	唐高宗李治	682— 683
永康	东汉桓帝刘志	167
	西晋惠帝司马衷	300— 301

	十六国后燕慕容宝	396— 397
	十六国西秦乞伏炽磐	412— 419
	柔然受罗部真可汗	464— 485
永隆	梁师都 (隋)	617— 628
	唐高宗李治	680— 681
	十国闽景宗王曦	939— 944
永嘉	西晋怀帝司马炽	307— 313
	后理段正严	?
永熙	西晋惠帝司马衷	290
	北朝北魏孝武帝元修	532— 534
永德	渤海定王大元瑜	810— 812
永憙	东汉冲帝刘炳	145
永徽	唐高宗李治	650— 655
玄始	十六国北凉沮渠蒙逊	412— 428
玄静	万俟德 (明)	1622
宁康	东晋孝武帝司马曜	373— 375
汉安	东汉顺帝刘保	142— 144
汉兴	十六国成汉李寿	338— 343
汉昌	十六国汉刘粲	318

汉德	龚春台 (清)	1906
东阳	黄萧养 (明)	1449—1450
平定	段铱 (明)	正德年间
平赵	句渠知 (晋)	320
平都	王迢触、曹贰龙 (北朝)	536
玉恒	十六国成汉李期	335— 338
玉衡	十六国成汉李雄	311— 333
	十六国成汉李班	334
正大	金哀宗完颜守绪	1224—1231
正元	三国魏高贵乡公曹髦	254— 256
正历	渤海康王大嵩璘	795— 809
正平	北朝北魏太武帝拓跋焘	451— 452
	南朝梁临贺王萧正德	548— 549
	郭子和 (隋)	617— 618
正安	大理段思廉	?
正光	北朝北魏孝明帝元诩	520— 525
正法	雷进 (宋)	1130— ?
	李合戎 (宋)	建炎年间
正治	大理段素真	1027—1041

	陈空崖　(元)	1297
正明	十国吴越武肃王钱镠	?
正始	三国魏齐王曹芳	240— 249
	十六国北燕高云	407— 409
	樊素安　(北朝)	503
	北朝北魏宣武帝元恪	504— 508
正统	明英宗朱祁镇	1436—1449
正朔	赵普胜　(元)	?
正隆	金海陵炀王完颜亮	1156—1161
正德	李珍　(唐)	761
	大理段思廉	?
	西夏崇宗赵乾顺	1127—1134
	明武宗朱厚照	1506—1521
甘露	西汉宣帝刘询	前53—前50
	三国魏高贵乡公曹髦	256— 260
	三国吴末帝孙皓	265— 266
	十六国前秦苻坚	359— 364
	耶律倍　(五代)	926— 936
本初	东汉质帝刘缵	146

本始	西汉宣帝刘询	前73—前70
石平	刘没铎　(北朝)	576— 577
龙飞	十六国后凉吕光	396— 398
	张琏　(明)	? —1561
龙凤	韩林儿　(元)	1355—1366
	黄金刚奴　(明)	?
龙升	十六国夏赫连勃勃	407— 413
龙兴	公孙述　(汉)	25— 36
	侯子光　(晋)	337
	南诏劝龙晟	810— 816
	李子杨　(宋)	?
	后理段正兴	?
龙纪	唐昭宗李晔	889
龙启	十国闽太宗王鏻	933— 934
龙朔	唐高宗李治	661— 663
龙德	五代后梁末帝朱瑱	921— 923
圣历	周武则天	698— 700
圣君	司马小君　(北朝)	471
圣明	陈瞻　(北朝)	506

	大理段素兴	1042— ?
圣武	安禄山 (唐)	756
圣德	大理段思聪	?
弘光	南明福王朱由崧	1644—1645
弘治	明孝宗朱祐樘	1488—1505
弘昌	十六国南凉秃发傉檀	402— 404
弘始	十六国后秦姚兴	399— 416
弘道	唐高宗李治	683
白乌	向海明 (隋)	613
白龙	十国南汉高祖刘龑	925— 928
白雀	十六国后秦姚苌	384— 386
仪凤	唐高宗李治	676— 679

六 画

安乐	李轨 (隋)	617— 619
安定	后理段智兴	?
	杨镇龙 (元)	1289
安国	大长和郑买嗣	903— 910
安和	大长和郑仁旻	?

交泰	十国南唐元宗李璟	958
庆元	南宋宁宗赵扩	1195—1200
庆历	北宋仁宗赵祯	1041—1048
兴元	唐德宗李适	784
兴宁	东晋哀帝司马丕	363— 365
兴平	东汉献帝刘协	194— 195
	唐寓之　(南朝)	486— 487
兴正	后理段智兴	?
兴圣	大义宁杨干真	929— ?
兴安	北朝北魏文成帝拓跋濬	452— 454
兴光	北朝北魏文成帝拓跋濬	454— 455
兴定	金宣宗完颜珣	1217—1222
兴和	北朝东魏孝静帝元善见	539— 542
兴胜	徐鸿儒　(明)	1622
兴朝	孙可望　(清)	1648
兴隆	张致　(金)	1215—1216
地节	西汉宣帝刘询	前69—前66
地皇	新王莽	20— 23
至大	元武宗海山	1308—1311

至元	元世祖忽必烈	1264—1294
	元惠宗妥懽帖睦尔	1335—1340
至宁	金卫绍王完颜永济	1213
至正	元惠宗妥懽帖睦尔	1341—1370
至治	大理段思良	946— 952
	元英宗硕德八剌	1321—1323
至和	北宋仁宗赵祯	1054—1056
至顺	元文宗图帖睦尔	1330—1332
	元宁宗懿璘质班	1332
	元惠宗妥懽帖睦尔	1333
至道	北宋太宗赵炅	995— 997
至德	南朝陈后主陈叔宝	583— 586
	唐肃宗李亨	756— 758
阳朔	西汉成帝刘骜	前24—前21
阳嘉	东汉顺帝刘保	132— 135
贞元	唐德宗李适	785— 805
	金海陵炀王完颜亮	1153—1156
贞观	唐太宗李世民	627— 649
	西夏崇宗赵乾顺	1101—1113

贞明	南诏隆舜	878— ?
	五代后梁末帝朱	915— 921
贞祐	大长和郑仁旻	?
	金宣宗完颜珣	1213—1217
光大	南朝陈废帝陈伯宗	567— 568
光天	十国前蜀高祖王建	918
	十国南汉殇帝刘玢	942— 943
光化	唐昭宗李晔	898— 901
光圣	大义宁杨干真	?
光宅	唐武则天	684
光兴	十六国汉刘聪	310— 311
光启	唐僖宗李儇	885— 888
光初	十六国前赵刘曜	318— 329
光寿	十六国前燕慕容儁	357— 360
光定	西夏神宗赵遵顼	1211—1223
光和	东汉灵帝刘宏	178— 184
光始	十六国后燕慕容熙	401— 406
光绪	清德宗载湉	1875—1908
光熙	西晋惠帝司马衷	306

光熹	东汉少帝刘辩	189
同庆	李圣天　(五代)	912— 940
同光	五代后唐庄宗李存勗	923— 926
同治	清穆宗载淳	1862—1874
收国	金太祖完颜旻	1115—1116
朱雀	渤海僖王大言义	813— 817
先天	唐玄宗李隆基	712— 713
全义	南诏劝利晟	817— 819
如意	周武则天	692
成化	明宪宗朱见深	1465—1487
会同	辽太宗耶律德光	938— 947
会昌	唐武宗李炎	841— 846
后元	西汉武帝刘彻	前88—前87

七　画

宏闰	僧省吾　(明)	?
亨时	后理段智兴	?
应天	史思明　(唐)	759
	朱泚　(唐)	783

	刘守光　(五代)	911— 913
	西夏襄宗赵安全	1206—1209
应历	辽穆宗耶律璟	951— 969
应运	李顺　(宋)	994
应顺	五代后唐闵帝李从厚	934
应乾	十国南汉中宗刘晟	943
应道	南诏寻阁劝	809
证圣	周武则天	695
初元	西汉元帝刘奭	前48—前44
初历	大长和郑仁旻	?
初平	东汉献帝刘协	190— 193
初始	西汉孺子婴	8
启历	侬智高　(宋)	?
进通	王摩沙　(唐)	623
更兴	元悦　(北朝)	530
更始	淮阳王刘玄	23— 25
	西燕慕容冲	385— 386
	十六国西秦乞伏乾归	409— 412
赤乌	三国吴大帝孙权	238— 251

赤符	朱光卿　(元)	1337
孝治	大长和郑仁旻	?
孝建	南朝宋孝武帝刘骏	454— 456
孝昌	北朝北魏孝明帝元诩	525— 527
孝基	元颢　(北朝)	528— 529
寿光	十六国前秦苻生	355— 357
寿昌	辽道宗耶律洪基	1095—1101
延平	东汉殇帝刘隆	106
	十六国后燕慕容麟	397
延庆	西辽耶律大石	1124—1133
延兴	北朝北魏孝文帝元宏	471— 476
	南朝齐恭王萧昭文	494
延光	东汉安帝刘祜	122— 125
延初	十六国前秦苻崇	394
延寿	高昌麴文泰	624— 640
延昌	北朝北魏宣武帝元恪	512— 515
	高昌麴乾固	561— 601
延和	北朝北魏太武帝拓跋焘	432— 434
	高昌麴伯雅	602— 613

	唐睿宗李旦	712
延祐	元仁宗爱育黎拔力八达	1314—1320
延载	周武则天	694
延康	东汉献帝刘协	220
	沈法兴 (唐)	619— 620
	林桂芳 (元)	1283
延嗣宁国	西夏毅宗赵谅祚	1049
延熙	三国蜀汉后主刘禅	238— 257
	十六国后赵石弘	333— 334
延熹	东汉桓帝刘志	158— 167
利贞	后理段智兴	1173— ?
利正	后理段智兴	1252— ?
身圣	德寿陁锁 (金)	1196

八 画

河平	西汉成帝刘骜	前28—前25
河清	北朝北齐武成帝高湛	562— 565
河瑞	十六国汉刘渊	309— 310
法尧	南诏世隆	? — 877

法轮	高昙晟　(唐)	618
治平	北宋英宗赵曙	1064—1067
	徐寿辉　(元)	1351—1355
定武	南明韩王朱本铉	1646—1662
定鼎	翟钊　(晋)	391— 392
炎兴	三国蜀汉后主刘禅	263
庚子	十六国西凉李暠	400— 404
宝大	十国吴越武肃王钱镠	924— 925
宝义	西夏末主赵晛	1226—1227
宝元	北宋仁宗赵祯	1038—1040
宝历	唐敬宗李湛	825— 827
宝正	十国吴越武肃王钱镠	926— 931
宝庆	南宋理宗赵昀	1225—1227
宝应	唐代宗李豫	762— 763
宝祐	南宋理宗赵昀	1253—1258
宝胜	袁晁　(唐)	762— 763
宝鼎	三国吴末帝孙皓	266— 269
青龙	三国魏明帝曹叡	233— 237
	十六国后赵石鉴	350

	兰汗　(晋)	398
转运	吴曦　(宋)	1206—1207
武义	十国吴高祖杨隆演	919— 920
	十国吴睿帝杨溥	921
武平	北朝北齐后主高纬	570— 576
	北朝北齐范阳王高绍义	577— 580
武成	北朝北周明帝宇文毓	559— 560
	李希烈　(唐)	784— 786
	十国前蜀高祖王建	908— 910
武定	北朝东魏孝静帝元善见	543— 550
武泰	北朝北魏孝明帝元诩	528
武烈	李添保　(明)	天顺年间
武德	唐高祖李渊	618— 626
居摄	西汉孺子婴	6— 8
承玄	十六国北凉沮渠蒙逊	428— 431
承平	十六国北凉沮渠无讳	443— 444
	十六国北凉沮渠安周	445— 460
	北朝北魏南安王拓跋余	452
承圣	南朝梁元帝萧绎	552— 555

承安	金章宗完颜璟	1196—1200
承光	十六国夏赫连昌	425—428
	北朝北齐幼主高恒	577
承明	北朝北魏孝文帝元宏	476
承康	十六国后凉吕光	399
建义	十六国西秦乞伏国仁	385—388
	杨难当　(南朝)	436—442
	雍道晞　(南朝)	500
	北朝北魏孝庄帝元子攸	528
建文	明惠帝朱允炆	1399—1402
建元	西汉武帝刘彻	前140—前135
	十六国汉刘聪	315—316
	东晋康帝司马岳	343—344
	十六国前秦苻坚	365—385
	南朝齐高帝萧道成	479—482
建中	唐德宗李适	780—783
建中靖国	北宋徽宗赵佶	1101
建宁	东汉灵帝刘宏	168—172
建平	西汉哀帝刘欣	前6—前3

	十六国后赵石勒	330— 333
	十六国西燕慕容瑶	386
	十六国后燕慕容盛	398
	十六国南燕慕容德	400— 405
	白亚栗斯、刘虎 (北朝)	415— 416
	刘义宣 (南朝)	454
	元愉 (北朝)	508
建世	刘盆子 (汉)	25— 27
建弘	十六国西秦乞伏炽磐	420— 428
建兴	三国蜀汉后主刘禅	223— 237
	三国吴会稽王孙亮	252— 253
	十六国成汉李雄	304— 306
	西晋愍帝司马邺	313— 317
	十六国前凉张寔	317— 320
	十六国前凉张茂	320— 323
	十六国前凉张骏	324— 346
	十六国前凉张重华	346— 353
	十六国前凉张玄靓	355— 360
	十六国后燕慕容垂	386— 396

	渤海宣王大仁秀	819— 830
建安	东汉献帝刘协	196— 220
	大理段正明	?
建光	东汉安帝刘祜	121— 122
	翟辽 (晋)	388— 391
建贞	李煴 (唐)	886
建初	东汉章帝刘炟	76— 84
	十六国成汉李特	303— 304
	十六国后秦姚苌	386— 394
	十六国西凉李暠	405— 417
建极	南诏世隆	860— ?
建炎	南宋高宗赵构	1127—1130
建武	东汉光武帝刘秀	25— 56
	西晋惠帝司马衷	304
	东晋元帝司马睿	317— 318
	十六国后赵石虎	335— 348
	十六国西燕慕容忠	386
	南朝齐明帝萧鸾	494— 498
	元颢 (北朝)	529

建武中元	东汉光武帝刘秀	56— 57
建昌	张琚 (晋)	352
	柔然豆罗伏跋豆代可汗	508— 520
	高昌麴宝茂	555— 560
建明	十六国西燕慕容顗	386
	北朝北魏东海王元晔	530— 531
	吕苟儿 (北朝)	506
建国	拓跋什翼犍 (晋)	338— 376
建和	东汉桓帝刘志	147— 149
	十六国南凉秃发利鹿孤	400— 402
建始	西汉成帝刘骜	前32—前28
	司马伦 (晋)	301
	十六国后燕慕容详	397
	桓玄 (晋)	403
	十六国后燕慕容熙	407
建昭	西汉元帝刘奭	前38—前34
建康	东汉顺帝刘保	144
	司马保 (晋)	319— 320
建隆	北宋太祖赵匡胤	960— 963

建福	北辽耶律淳	1122
建熙	十六国前燕慕容暐	360— 370
建德	北朝北周武帝宇文邕	572— 578
	后理段正兴	?
建衡	三国吴末帝孙皓	269— 271
昌平	十六国西燕段随	386
昌达	朱粲　(隋)	616— 619
昌武	十六国夏赫连勃勃	418— 419
昌泰	陈吊眼、邱细春　(元)	1281
明正	大理段素顺	970— 985
	顺秦王　(明)	正德年间
明圣	大理段素英	?
明启	大理段素廉	1010— ?
明应	大理段素英	?
明法	大理段素英	?
明治	大理段素英	?
明昌	金章宗完颜璟	1190—1196
明受	南宋赵旉	1129
明政	李子通　(唐)	619— 621

明侯	大理段思廉	?
明统	大理段素英	?
明通	大理段素隆	1023—1026
明道	北宋仁宗赵祯	1032—1033
明德	十国后蜀高祖孟知祥	934
	十国后蜀后主孟昶	935—937
	十国后蜀段思聪	953—?
罗平	裘甫（唐）	860
	王法恩（宋）	1141
	李接（宋）	1179
鸣凤	萧铣（隋）	617—621
垂拱	唐武则天	685—688
和平	东汉桓帝刘志	150
	十六国前凉张祚	354—355
	北朝北魏文成帝拓跋濬	460—465
	高昌麴□	551—554
阜昌	刘豫（宋）	1130—1137
金统	黄巢（唐）	880—884
征和	西汉武帝刘彻	前92—前89

始元	西汉昭帝刘弗陵	前86—前80
	大长和郑仁旻	911— ?
始平	柔然佗汗可汗	506— 508
始兴	操师乞　(隋)	616
	高开道　(唐)	618— 624
始光	北朝北魏太武帝拓跋焘	424— 428
始建	陈双炽　(北朝)	?
始建国	新王莽	9— 13
绍圣	北宋哲宗赵煦	1094—1098
绍汉	公孙渊　(三国)	237— 238
绍兴	南宋高宗赵构	1131—1162
	西辽耶律夷列	1151—1163
绍定	南宋理宗赵昀	1228—1233
绍武	南明唐王朱聿𨮁	1646
绍泰	南朝梁敬帝萧方智	555— 556
绍熙	南宋光宗赵惇	1190—1194

九　画

洪化	吴世璠　(清)	1678—1681

洪武	明太祖朱元璋	1368—1398
洪熙	明仁宗朱高炽	1425
洪德	陈开　(清)	1855—1861
宣光	北元爱猷识理达腊	1370—1377
宣和	北宋徽宗赵佶	1119—1125
宣政	北朝北周武帝宇文邕	578
宣统	清溥仪	1909—1911
宣德	明宣宗朱瞻基	1426—1435
神历	北辽耶律雅里	1123
神凤	三国吴大帝孙权	252
	刘尼　(晋)	303
神功	周武则天	697
神龙	唐中宗李显	705— 707
神册	辽太祖耶律亿	916— 922
神龟	北朝北魏孝明帝元诩	518— 520
神武	大理段思平	? — 944
神虎	万俟丑奴　(北朝)	528— 530
神玺	十六国北凉段业	397— 399
神鼎	十六国后凉吕隆	401— 403

神瑞	北朝北魏明元帝拓跋嗣	414—416
神嘉	刘蠡升　(北朝)	525—535
神䴥	北朝北魏太武帝拓跋焘	428—431
神爵	西汉宣帝刘询	前61—前58
总章	唐高宗李治	668—670
政和	北宋徽宗赵佶	1111—1118
拱化	西夏毅宗赵谅祚	1063—1067
显圣	史朝义　(唐)	761—763
显庆	唐高宗李治	656—661
显道	西夏景宗赵元昊	1032—1034
显德	五代后周太祖郭威	954
	五代后周世宗柴荣	955—959
	五代后周恭帝柴宗训	960
昭宁	东汉少帝刘辩	189
昭武	吴三桂　(清)	1673—1678
咸丰	清文宗奕䜣	1851—1861
咸宁	西晋武帝司马炎	275—280
	十六国后凉吕纂	399—401
咸平	北宋真宗赵恒	998—1003

咸安	东晋简文帝司马昱	371— 372
咸亨	唐高宗李治	670— 674
咸和	东晋成帝司马衍	326— 334
	渤海大彝震	831— 857
咸淳	南宋度宗赵禥	1265—1274
咸通	唐懿宗李漼	860— 874
咸清	西辽塔不烟	1144—1150
咸康	东晋成帝司马衍	335— 342
	十国前蜀后主王衍	925
咸雍	辽道宗耶律洪基	1065—1074
咸熙	三国魏元帝曹奂	264— 265
重光	高昌麴文泰	620— 623
重和	北宋徽宗赵佶	1118—1119
重熙	辽兴宗耶律宗真	1032—1055
重德	廖森 (宋)	绍定年间
皇庆	元仁宗爱育黎拔力八达	1312—1313
皇兴	北朝北魏献文帝拓跋弘	467— 471
皇初	十六国后秦姚兴	394— 399
皇建	北朝北齐孝昭帝高演	560— 561

	西夏襄宗赵安全	1210—1211
皇始	十六国前秦苻健	351— 355
	北朝北魏道武帝拓跋珪	396— 398
皇祐	北宋仁宗赵祯	1049—1054
皇统	金熙宗完颜亶	1141—1149
皇泰	隋恭帝杨侗	618— 619
保大	十国南唐元宗李璟	943— 957
	辽天祚帝耶律延禧	1121—1125
保天	后理段正严	?
保宁	辽景宗耶律贤	969— 979
保安	大理段思廉	1045— ?
保合	南诏劝丰佑	825— ?
保定	北朝北周武帝宇文邕	561— 565
	大理段正明	1082— ?
保德	大理段思廉	?
胜光	十六国夏赫连定	428— 431
顺义	十国吴睿帝杨溥	921— 927
顺天	史思明 (唐)	759— 761
	董昌 (唐)	895— 896

	郝定　(金)	1216
	蓝大顺、李短褡　(清)	1859—?
顺治	清世祖福临	1644—1661
顺德	后理段思旷	?
	朱宸濠　(明)	1519
统和	辽圣宗耶律隆绪	983—1012
复汉	隗嚣	23
	隗纯	33

十　画

涌安	僧明本　(明)	?
唐隆	唐殇帝李重茂	710
祥兴	南宋卫王赵昺	1278—1279
	黄华　(元)	1283—1284
祯明	南朝陈后主陈叔宝	587—589
调露	唐高宗李治	679—680
载初	唐武则天	689—690
	安庆绪　(唐)	757
泰定	元泰定帝也孙铁木儿	1324—1328

	叶宗留　(明)	1448—1449
泰昌	明光宗朱常洛	1620
泰和	金章宗完颜璟	1201—1208
泰始	西晋武帝司马炎	265— 274
	程道养　(南朝)	432— 437
	南朝宋明帝刘彧	465— 471
	赵广　(南朝)	?
泰常	北朝北魏明元帝拓跋嗣	416— 423
泰豫	南朝宋明帝刘彧	472
秦兴	薛举　(隋)	617— 618
真王	破六韩拔陵　(北朝)	524— 525
	杜洛周　(北朝)	525— 528
真兴	十六国夏赫连勃勃	419— 425
致和	元泰定帝也孙铁木儿	1328
通文	十国闽康宗王昶	936— 939
通正	十国前蜀高祖王建	916
通圣	曹武彻　(隋)	617
晏平	十六国成汉李雄	306— 310
圆明大宝	马相　(明)	?

造历	张琏　(明)	1559—　?
绥和	西汉成帝刘骜	前8—　前7

十 一 画

淳化	北宋太宗赵炅	990—　994
淳祐	南宋理宗赵昀	1241—1252
淳熙	南宋孝宗赵昚	1174—1189
清宁	辽道宗耶律洪基	1055—1064
清光	胡守龙　(清)	1645
清泰	五代后唐末帝李从珂	934—　936
章武	三国蜀汉昭烈帝刘备	221—　223
章和	东汉章帝刘炟	87—　88
	高昌麴坚	531—　548
竟宁	西汉元帝刘奭	前33
康定	北宋仁宗赵祯	1040—1041
康国	西辽耶律大石	1134—1143
康熙	清圣祖玄烨	1662—1722
鸿嘉	西汉成帝刘骜	前20—前17
乾元	唐肃宗李亨	758—　760

乾化	五代后梁太祖朱温	911— 912
	五代后梁末帝朱瑱	913— 915
乾宁	康昭宗李晔	894— 898
乾兴	北宋真宗赵恒	1022
	大理段素廉	？—1022
乾贞	十国吴睿帝杨溥	927— 929
	阿谢 (宋)	1176
乾亨	十国南汉高祖刘龑	917— 925
	辽景宗耶律贤	979— 983
乾定	西夏献宗赵德旺	1223—1226
乾明	北朝北齐废帝高殷	560
乾和	十国南汉中宗刘晟	943— 958
乾祐	五代后汉高祖刘暠	948
	五代后汉隐帝刘承祐	949— 950
	十国北汉世祖刘旻	951— 954
	十国北汉睿宗刘钧	955— 956
	西夏仁宗赵仁孝	1170—1193
乾封	唐高宗李治	666— 668
乾统	辽天祚帝耶律延禧	1101—1110

乾符	唐僖宗李儇	874— 879
乾隆	清高宗弘历	1736—1795
乾道	西夏惠宗赵秉常	1068—1069
	南宋孝宗赵昚	1165—1173
乾德	辅公祐 (唐)	? — 624
	十国前蜀后主王衍	919— 924
	北宋太祖赵匡胤	963— 968
黄龙	西汉宣帝刘询	前49
	三国吴大帝孙权	229— 231
	段子璋 (唐)	761
黄初	三国魏文帝曹丕	220— 226
黄武	三国吴大帝孙权	222— 229
隆化	北朝北齐后主高纬	576— 577
隆安	东晋安帝司马德宗	397— 401
隆庆	明穆宗朱载垕	1567—1572
隆兴	赵谂 (宋)	1102
	南宋孝宗赵昚	1163—1164
隆武	南明唐王朱聿键	1645—1646
隆昌	南朝齐郁林王萧昭业	494

隆和	东晋哀帝司马丕	362— 363
隆基	高永昌 (辽)	1116
隆绪	萧宝寅 (北朝)	527— 528
崇宁	北宋徽宗赵佶	1102—1106
崇庆	金卫绍王完颜永济	1212—1213
崇祯	明毅宗朱由检	1628—1644
崇福	西辽耶律普速完	1164—1177
崇德	清爱新觉罗皇太极	1636—1643
盛明	后理段正兴	?
盛德	后理段智兴	?
得圣	王则 (宋)	1047—1048

十 二 画

尊圣	大天兴赵善政	928
普泰	北朝北魏节闵帝元恭	531— 532
普通	南朝梁武帝萧衍	520— 527
道光	清宣宗旻宁	1821—1850
道隆	后理段祥兴	1239—1251
裕民	耿精忠 (清)	1674—1676

登国	北朝北魏道武帝拓跋珪	386— 396
黑龙	张育 (晋)	374
景元	三国魏元帝曹奂	260— 264
景云	唐睿宗李旦	710— 711
景龙	唐中宗李显	707— 710
景平	南朝宋少帝刘义符	423— 424
景初	三国魏明帝曹叡	237— 239
景定	南宋理宗赵昀	1260—1264
景炎	南宋端宗赵昰	1276—1278
景明	北朝北魏宣武帝元恪	500— 503
景和	南朝宋前废帝刘子业	465
景祐	北宋仁宗赵祯	1034—1038
景泰	明代宗朱祁钰	1450—1456
景福	唐昭宗李晔	892— 893
	辽兴宗耶律宗真	1031—1032
景瑞	侬智高 (宋)	?
景德	北宋真宗赵恒	1004—1007
景耀	三国蜀汉后主刘禅	258— 263
嵯耶	南诏隆舜	? — 897

鼎新	大义宁杨干真	?
鲁兴	鲜于修礼	526

十 三 画

靖康	北宋钦宗赵桓	1126—1127
雍正	清世宗胤禛	1723—1735
雍宁	西夏崇宗赵乾顺	1114—1118
雍熙	北宋太宗赵炅	984— 987
福圣承道	西夏毅宗赵谅祚	1053—1056
瑞应	奢崇明 (明)	?
嗣圣	唐中宗李显	684
嗣统	刘义顺 (清)	?

十四画以上

熙宁	北宋神宗赵顼	1068—1077
熙平	北朝北魏孝明帝元诩	516— 518
端平	南宋理宗赵昀	1234—1236
端拱	北宋太宗赵炅	988— 989
端懿	侬智高 (宋)	1052— ?

嘉宁	十六国汉李势	346— 347
嘉平	三国魏齐王曹芳	249— 254
	十六国汉刘聪	311— 314
	十六国南凉秃发傉檀	408— 414
嘉禾	三国吴大帝孙权	232— 238
嘉庆	清仁宗颙琰	1796—1820
嘉兴	十六国西凉李歆	417— 420
嘉会	后理段智兴	?
嘉定	南宋宁宗赵扩	1208—1224
嘉祐	北宋仁宗赵祯	1056—1063
嘉泰	南宋宁宗赵扩	1201—1204
嘉靖	明世宗朱厚熜	1522—1566
嘉熙	南宋理宗赵昀	1237—1240
德兴	北辽萧德妃	1122
德寿	陈理　(元)	1363—1364
德昌	北朝北齐安德王高延宗	576
德祐	南宋恭宗赵㬎	1275—1276
德胜	刘通　(明)	1464—1465
熹平	东汉灵帝刘宏	172— 178

燕元	十六国后燕慕容垂	384— 385
燕兴	十六国西燕慕容泓	384
赞普钟	南诏阁逻凤	752— 778
彝泰	吐蕃可黎可足	815— 841
麟嘉	十六国汉刘聪	316— 318
	十六国后凉吕光	389— 396
麟德	唐高宗李治	664— 665
奲都	西夏毅宗赵谅祚	1057—1062

附：《夏商周年表》

夏商周断代工程是“九五”国家重点科研项目。这项工程由我国多学科专家主持参与，将自然科学和人文科学结合起来，以多学科交叉的方式联合攻关，经过五年的努力，提出了《夏商周年表》。该年表为我国公元前841年以前的历史建立起1200年的三代年代框架，其中包括459年的西周和商后期年表。在《中国历史年代简表》重印之际，特附2000年9月正式公布的《夏商周年表》，供广大读者参考。

夏（公元前2070—前1600）

禹	少康	不降	发
启	予	扃	癸（桀）
太康	槐	廑	
仲康	芒	孔甲	
相	泄	皋	

商前期（公元前1600—前1300）

汤	沃丁	中丁	沃甲
太丁	太庚	外壬	祖丁
外丙	小甲	河亶甲	南庚
中壬	雍己	祖乙	阳甲
太甲	太戊	祖辛	盘庚（迁都前）

商后期（公元前1300—前1046）

王	年代（公元前）	年　　数
盘庚（迁殷后） 小辛 小乙	1300—1251	50
武丁	1250—1192	59
祖庚 祖甲 廪辛 康丁	1191—1148	44
武乙	1147—1113	35
文丁	1112—1102	11
帝乙	1147—1113	26
帝辛（纣）	1075—1046	30

西周（公元前 1046—前 771）

王	年代（公元前）	年　　数
武　王	1046—1043	4
成　王	1042—1021	22
康　王	1020—996	25
昭　王	995—997	19
穆　王	976—922	55（共王当年改元）
共　王	922—900	23
懿　王	899—892	8
孝　王	891—886	6
夷　王	885—878	8
厉　王	877—841	8
共　和	841—828	14
宣　王	827—782	46
幽　王	781—771	11

图书在版编目（CIP）数据

中国历史年代简表/文物出版社编．—2版．—北京：文物出版社，2001.10（2023.9重印）

ISBN 978-7-5010-0753-0

Ⅰ．中…　Ⅱ．文…　Ⅲ．中国—通史—历史年表　Ⅳ．K208

中国版本图书馆CIP数据核字（2001）第067306号

中国历史年代简表

编　　著：文物出版社

责任编辑：易　风
再版编辑：谷　雨
责任印制：张道奇

出版发行：文物出版社
社　　址：北京市东直门内北小街2号楼
邮　　编：100007
网　　址：http：//www.wenwu.com
经　　销：新华书店
印　　刷：河北鹏润印刷有限公司
开　　本：850mm×1168mm　1/64
印　　张：4.25
版　　次：2001年10月第2版
印　　次：2023年9月第19次印刷
书　　号：ISBN 978-7-5010-0753-0
定　　价：9.00元

ISBN 978-7-5010-0753-0

定价：9.00元